Andreas Blaschke

G mit! – Sieben Schritte
zur Freundschaft mit Gott

Das Arbeitsbuch
für Konfirmandinnen und Konfirmanden

Andreas Blaschke

G mit!

Sieben Schritte
zur Freundschaft mit Gott

Das Arbeitsbuch
für Konfirmandinnen und Konfirmanden

Dieses Arbeitsbuch gehört:

G mit! – Sieben Schritte zur Freundschaft mit Gott
Das Arbeitsbuch für Konfirmandinnen und Konfirmanden

© 2003 Aussaat-Verlag

ISBN 3-7615-5275-0

Satz und Gestaltung: Andreas Blaschke
Druck und Verarbeitung: Fuck, Koblenz; www.f-druck.de

Inhalt

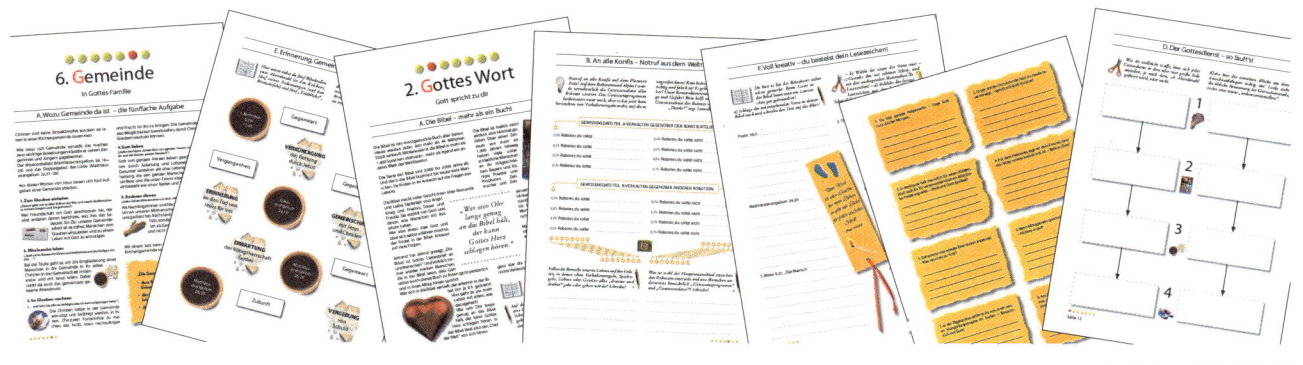

Hallo du …!

Schön, dass du reinschaust in dieses Arbeitsbuch! Toll, dass du mitmachst beim Konfi-Kurs!

Um Freundschaft mit Gott wird es dabei gehen – und um die sieben „G", die als Schritte dorthin wichtig sind: Grundlagen, Gottes Wort, Gebet, Glaube, Gebote, Gemeinde und Ganz persönlich.

Vielleicht fragst du dich: Freundschaft mit Gott – wie soll das gehen, und was bringt's? Was hat das überhaupt mit meiner Konfirmation zu tun? Oder noch besser: Was hat das mit meinem Leben zu tun? Und ohnehin: Gibt's denn Gott überhaupt?

Gut, wenn du so viele Fragen hast! Dann wirst du bestimmt ein offenes Ohr für das haben, was du in den nächsten Monaten in deinem Konfi-Kurs durchdenken, erleben und ausprobieren kannst – zusammen mit alten und neuen Bekannten.

Und vielleicht geht es dir in der Konfi-Zeit ja so wie mir und manchen anderen: In den Konfi-Unterricht gegangen und dabei doch tatsächlich Gott getroffen! Nach Antworten gesucht und dabei den „Chef der Welt" als Freund entdeckt. Wow, das wär's doch, oder …?!

Wie du das im Moment auch sehen magst: Dass der Konfi-Kurs immer gleich viel Spaß macht, glaube ich nicht. Das hängt bestimmt auch von deiner „Tagesform" ab und von der der Unterrichtenden. Aber dass der Konfi-Kurs mehr sein kann, als nur ein bisschen „Schule gegen Bezahlung", das weiß ich hundertprozentig: So mancher ist anders rausgegangen, als er reingekommen ist: als Freund Gottes nämlich!

Die Freundschaft mit Gott hat mein Leben von meiner Konfirmandenzeit bis heute geprägt wie nichts und niemand anderes. Und heute, nach 20 Jahren gemeinsam mit Gott, kann ich jedem nur sagen (zum Beispiel im Konfi-Unterricht): Es lohnt sich, Gott zum Freund zu haben!

Aber immer der Reihe nach – ich will dich ja nicht zulabern, sondern einladen – einladen, den christlichen Glauben während der Dauer des Konfi-Kurses für dein Leben zu testen! – Also: Lass dich darauf ein und: Test it! „G" sie mit, die sieben Schritte zur Freundschaft mit Gott!

In Vorfreude auf alles, was kommt, grüßt dich dein

1. Grundlagen

Los geht's!

1. Grundlagen

Los geht's!

A. Bildschön – deine Konfirmandengruppe

a) Klebe hier das Foto deiner Konfi-Gruppe ein!
b) Lass alle deine Mitkonfirmandinnen und -konfirmanden um den Rahmen herum unterschreiben!

B. Ein rasanter Start – Rallye rund um den Kirchturm

Auf geht's zur Quiz-Rallye rund um deine deine Gemeinde!
a) Lies dir alle Fragen gemeinsam mit deinen Mitspielerinnen und Mitspielern gut durch! –

b) Fülle alle leeren Kästchen richtig aus! (Tipp: An manchen Stellen gibt es Hinweise …) – c) Bereite dich mit deinen Mitspielerinnen und Mitspielern für die letzte Frage vor!

1. Falls deine Gemeinde einen besonderen Namen hat: wie heißt sie?

2. Was kannst du über den/die Namensgeber/in berichten?

3. Falls es noch andere evangelische Pfarrgemeinden vor Ort gibt: wie heißen sie?

4. Wie nennt man den „Tisch", der in der Kirche ganz vorne steht?

5. Wie heißt das große Buch, das auf diesem „Tisch" liegt?

6. Wie heißt der „Hochsitz", von dem aus sonntags in den meisten Kirchen gepredigt wird?

7. Wie heißt das kleine Becken, das in fast jeder Kirche vorne steht?

8. Wie nennt man den „Balkon", den es in vielen Kirchen hinten und/oder seitlich gibt?

9. Wie viele Stühle oder Bänke gibt es in deiner Kirche?

10. Wann wurde deine Kirche gebaut? (Tipp: Vielleicht findest du einen Grundstein oder eine Broschüre über die Kirche!)

11. Wie viele buntverglaste Fenster hat der Hauptraum deiner Kirche?

12. In deiner Kirche steht ein großes Musikinstrument. Wie heißt es?

13. Wie nennt man die Person, die dieses Instrument spielt?

/in

14. Was schätzt du, wie viele Pfeifen in das betreffende Musikinstrument in deiner Kirche eingebaut sind? (Tipp: Es sind viel mehr als du sehen kannst!)

15. Wie viele Glocken hängen im Glockenturm deiner Kirche?

16. Was schätzt du, wie viele Meter hoch der Glockenturm deiner Kirche ist?

☐☐☐ m

17. Wie viele Räume gibt es in deinem Gemeindehaus, die für Gruppentreffen genutzt werden?

☐☐

18. In welchem Raum findet bei euch die Jugendgruppe bzw. der Teeniekreis statt?

_____

19. Welche Hausnummer hat das Pfarrhaus in deiner Gemeinde?

☐☐☐☐

20. Falls es einen evangelischen Kindergarten in deiner Gemeinde gibt: wie viele Gruppen hat er?

☐

21. Welche Farbe hat das „Evangelische Gesangbuch", (=„EG") das in deiner Kirche ausliegt?

☐☐☐

22. Beschreibe kurz den Inhalt der ersten Strophe des Liedes EG 536!

_____

23. Welche drei großen Teile hat das Kirchenjahr? (Tipp [ab hier]: Hauptinhaltsverzeichnis des EG!)

1. _____

2. _____

3. _____

24. Wie heißt a) der erste Sonntag des Kirchenjahres, wie heißt b) der letzte Sonntag des Kirchenjahres, wie heißt c) der Tag, der an den Beginn der evangelischen Kirchen erinnert?

a. _____

b. _____

c. _____

25. Welche fünf Farben können die Stoffbehänge (= „Paramente") in der Kirche haben?

1. _____

2. _____

3. _____

4. _____

5. _____

26. Nenne zu den eben genannten fünf Farben jeweils einen zugehörigen kirchlichen Feiertag!

1. _____

2. _____

3. _____

4. _____

5. _____

27. Wie heißen die Gebete, die oft sonntags im Gottesdienst gesprochen werden?

☐☐☐☐☐☐☐

28. In jedem Gottesdienst wird der Satz „Herr, erbarme dich" gesungen. Wie heißt er eigentlich auf Griechisch? (Tipp: EG 178.13!)

☐☐☐☐
☐☐☐☐☐☐☐

29. Von wann bis wann lebte der bekannte evangelische Liederdichter Paul Gerhard?

☐☐☐☐ bis ☐☐☐☐

30. Und zu guter Letzt: Singt miteinander den Refrain und die erste Strophe des Liedes EG 515 vor!

Herzlichen Glückwunsch!
Ihr seid im

ZIEL

C. Konfirmation – warum eigentlich?

Hier findest du 14 Gründe, sich konfirmieren zu lassen. Wie bedeutsam sind diese Gründe (im Moment) jeweils für dich?
a) Vergib Punkte von 1 (kaum wichtig) bis 14 (sehr wichtig) und schreibe sie in die ent- *sprechenden Kästchen! – b) Hebe die drei Käst-chen mit der höchsten Punktzahl farbig hervor! – c) Wenn dir (noch) andere als die genannten Gründe wichtig sind, schreibe sie in die leeren Zeilen unten!*

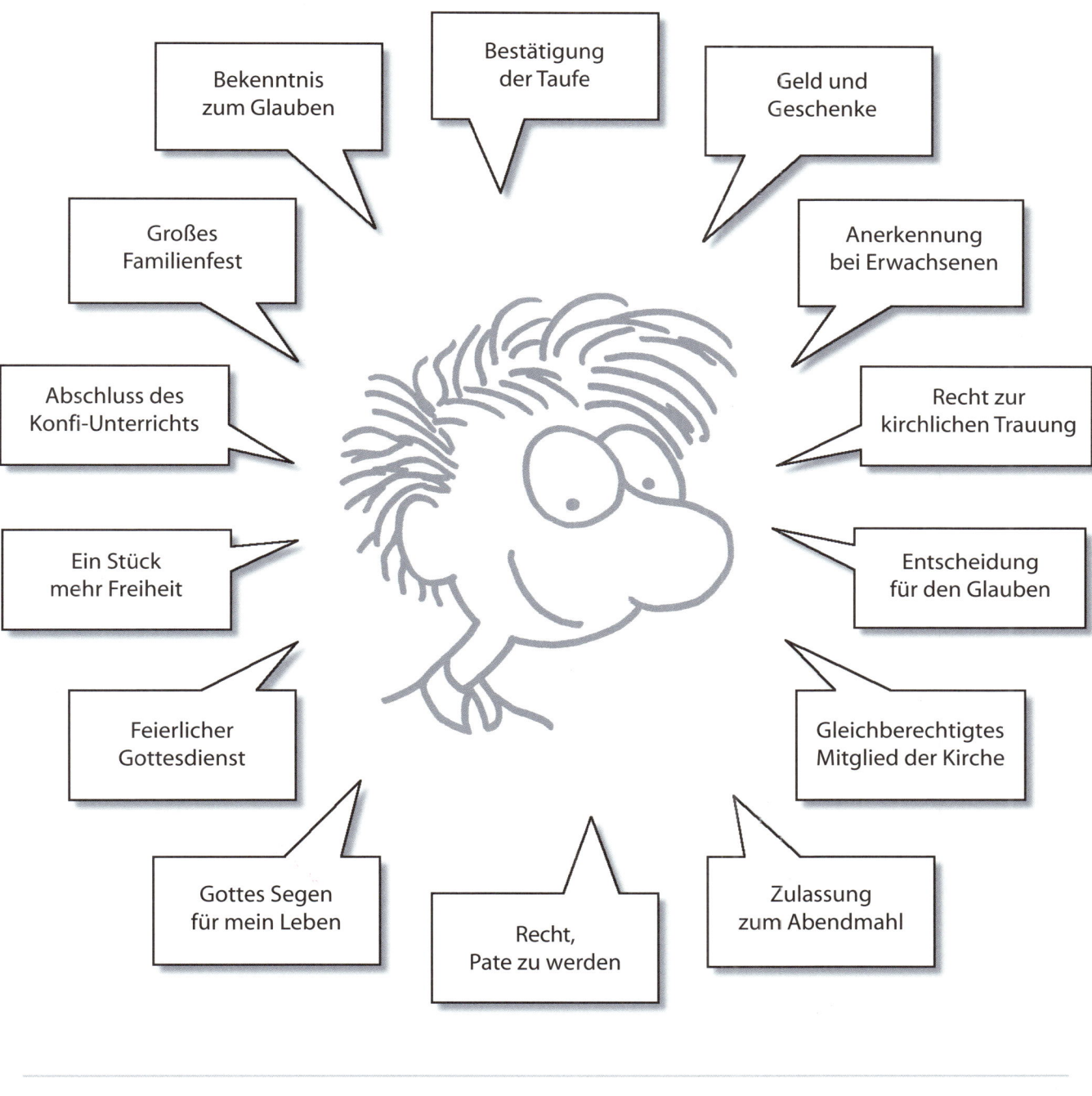

D. Der Gottesdienst – so läuft's!

 *Jeder Gottesdienst lässt sich in drei oder vier große Teile einteilen, je nach dem, ob Abendmahl gefeiert wird, oder nicht.*
a) Klebe hier die Blöcke aus dem Ausschneidebogen in der richtigen Reihen- folge ein! In der linken Spalte soll die übliche Benennung der Gottesdienstteile stehen, rechts die „unkonventionellere". – b) Schreibe in die Leerzeilen die beiden Lösungssätze (graue Wörter von oben nach unten gelesen)!

1

2

3

4

1. Spalte: _____

2. Spalte: _____

E. Das „Evangelische Gesangbuch" – mehr als Lieder

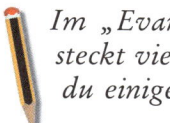 *Im „Evangelischen Gesangbuch" (= „EG")
steckt viel mehr als man denkt! Hier findest
du einige Namen, die man dem EG eigentlich auch geben könnte. – Trage in die Fähnchen
der Noten mithilfe deines Gesangbuchs jeweils die
zugehörigen EG-Nummern ein!*

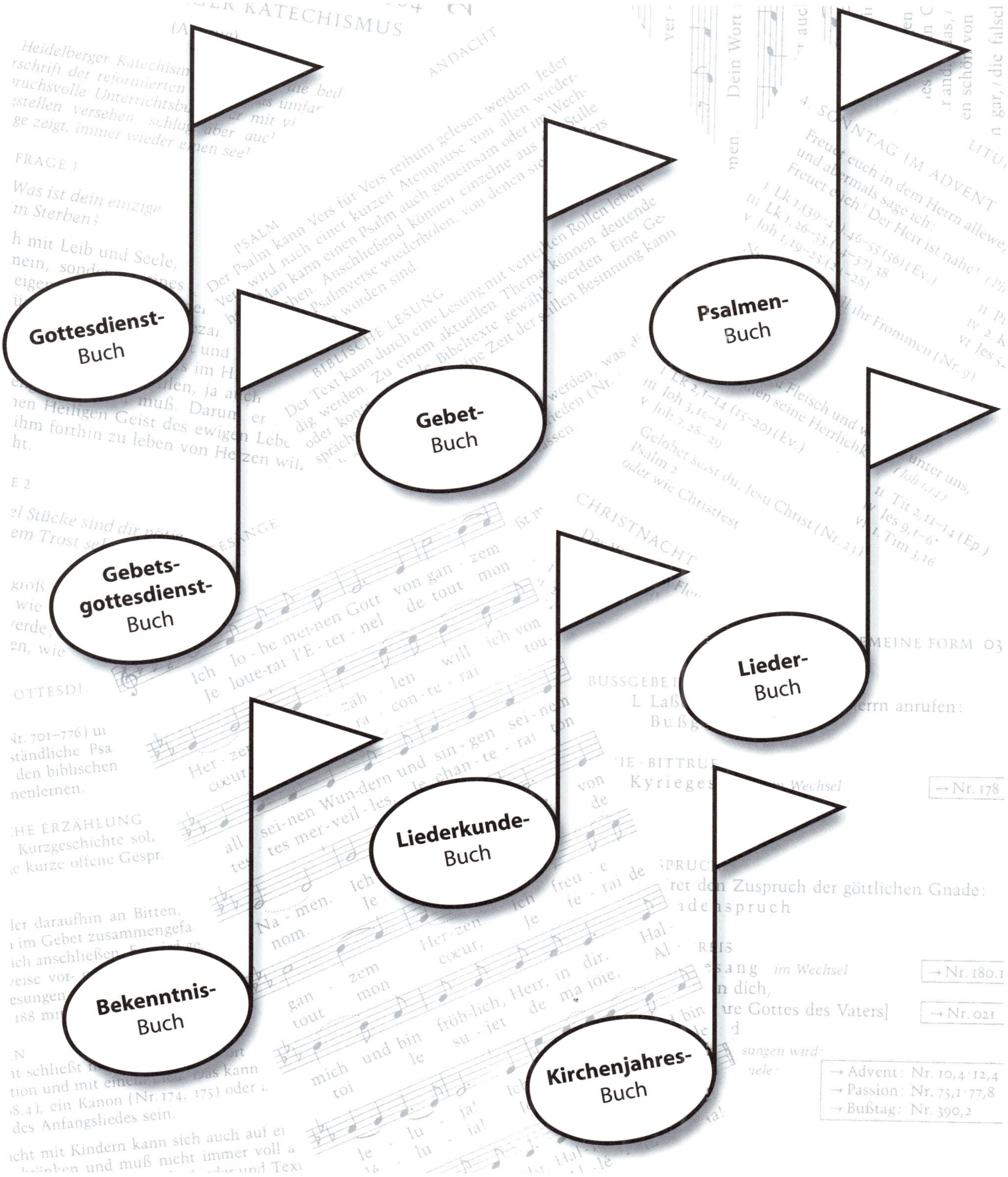

Gottesdienst-Buch

Psalmen-Buch

Gebet-Buch

Gebets-gottesdienst-Buch

Lieder-Buch

Liederkunde-Buch

Bekenntnis-Buch

Kirchenjahres-Buch

F. Voll kreativ – du gestaltest deine Konfi-Kerze!

Du sollst deine ganz persönliche Konfi-Kerze haben. Sie soll in der Kirche stehen und von dir angezündet werden, bevor der Gottesdienst beginnt.
a) Sieh' dir die Symbole unten an und lies die Erklärungen dazu durch! – b) Nimm dir eine der Blanko-Kerzen und etwas von den farbigen Wachsplatten! – c) Gestalte deine Kerze mit den gewünschten Symbolen, deinem Namen, Verzierungen …!

Das Kreuz: Grausames Folter- und Tötungsinstrument der Römer.
Weil Jesus etwa im Jahr 33 n. Chr. an einem Kreuz starb, wurde es zum wichtigsten Symbol der Christen überhaupt.
Das Kreuz begegnet in Kirchen, auf Kirchendächern und -fenstern, als Schmuckstück und auf Friedhöfen.

Der Fisch: Geheimzeichen der ersten Christen, mit dem diese einander zu erkennen gaben, ohne von den Römern als Christen erkannt zu werden.
Funktioniert so: Die fünf Buchstaben des griechischen Wortes für „Fisch" (ΙΧΘΥΣ – gesprochen „ichthys") stehen jeweils als Anfangsbuchstabe für ein anderes griechisches Wort. Übersetzt heißen diese fünf Wörter: „Jesus (I) Christus (X), Gottes (Θ) Sohn (Υ), Retter (Σ)".
Der Fisch begegnet vor allem auf dem Heck von Autos mit Christen am Steuer.

Die Taube: Sie symbolisiert den Heiligen Geist Gottes.
Die Bibel berichtet, dass Jesus bei seiner Taufe Gottes Geist wie eine Taube auf sich herabkommen sah.
Die Taube begegnet manchmal in Kirchenfenstern, auf Taufsteinen und (in anderer Herleitung) auch als Friedenstaube.

Der Regenbogen: Er symbolisiert Gottes Treue gegenüber seiner Schöpfung.
Nach dem Ende der Sintflut schließt Gott einen Bund mit Noah und verspricht, nie mehr die ganze Erde zu überfluten. Zeichen dieses Bundes ist der Regenbogen.
Der Regenbogen begegnet auf Kirchenfenstern und auf christlichen Bildern.

Das Christus-Zeichen: Wird auch „Christus-Monogramm" genannt.
Es ist gebildet aus den beiden griechischen Buchstaben Χ („chi") und Ρ („rho"), mit denen das griechische Wort für „Christus" (ΧΡΙΣΤΟΣ – gesprochen „Christos") beginnt.
Das Christus-Zeichen findet man oft auf der Osterkerze in der Kirche. ❖

Der Text auf der gegenüberliegenden Seite ▶ *stammt aus einer Kurzpredigt anlässlich des ersten Anzündens der Konfi-Kerzen.*
a) Lies dir den Text gut durch! – b) Unterstreiche die fünf für dich wichtigsten Sätze!

G. Deine Konfi-Kerze – „Feuerzauber" oder „Lichtzeichen"?

„Liebe Konfirmandinnen und Konfirmanden,

jetzt brennen sie also, eure Konfi-Kerzen. Heute zum ersten Mal und von nun jeden Sonntag, den ihr hier im Gottesdienst seid.

Das Anzünden eurer Kerze soll euch helfen, hier in der Kirche anzukommen. Mit Leib und Seele da zu sein und nicht etwa nur sinnlos Zeit abzusitzen. Immer wenn ihr eure Kerze anzündet, dann könnt ihr sagen: „Jesus, jetzt soll Zeit sein für dich und für mich. Alles Zweit- und Drittrangige soll in der nächsten Stunde zurückstehen: Der Dudelfunk hat Sendepause. Die Flimmerkiste hat Stromausfall. Und die Schule hat, Gott sei Dank, zu. Jesus, jetzt ist Zeit für dich und für mich. Alles andere muss schweigen. Jesus: Jetzt kann ich dir den Müll dalassen, der mich runterdrückt. Jetzt kann ich dir sagen, was mir am Herzen liegt. Jetzt kann ich bei dir Kraft für die neue Woche tanken."

Ob ihr Konfis das in etwa so sprechen wollt, beim Anzünden eurer Kerzen? Ob ihr also nicht nur ein wenig „Feuerzauber" machen wollt, sondern ein „Lichtzeichen" dafür setzt, dass ihr euch jetzt Zeit für Jesus nehmt?

Als wir gemeinsam die Kerzen gemacht haben, da hat uns jemand aus eurer Mitte eine Behauptung von Jesus aus der Bibel vorgelesen. Jesus sagt da: „Ich bin das Licht für die Welt. Wer mir nachfolgt, der wird nicht mehr im Dunkeln tappen, sondern er folgt dem Licht, das ihn zum Leben führt." (Johannesevangelium 8,12).

Das ist ein starker Spruch von Jesus: „Ich bin das Licht für die Welt." An diesen Riesenspruch erinnert auch diese Riesenkerze hier vorne, an der ihr Konfis eure Kerzen angezündet habt. Und an diesen Spruch sollen euch auch eure Konfi-Kerzen immer wieder erinnern.

„Ich bin das Licht für die Welt", sagt Jesus. Konkret und in alphabetischer Reihenfolge heißt das: „Ich bin das Licht für dich, Annika. Wenn du mir nachfolgst, dann wird dein Leben niemals gottverlassen und hoffnungslos sein, sondern du wirst immer den nächsten Schritt wissen."

„Ich bin das Licht für dich, Björn. Wenn du mir nachfolgst, dann wirst du den Sinn deines Lebens finden und mit mir einen Freund, der zu dir hält im Leben und im Sterben." …

Liebe Konfis, am Konfirmandenunterricht liegt mir sehr viel. Das ist deshalb so, weil ich selbst während meiner Konfi-Zeit Christ geworden bin.

Damals habe ich mehr und mehr gemerkt: Dieser Jesus, von dem bei Kirchens ständig die Rede ist, der ist ja kein toter Guru von vorgestern, sondern er ist lebendig, er ist ansprechbar und er meint mich! Ich habe gemerkt: Dieser Jesus, der ist nicht einfach der Hellste in der Dunkelkammer irgendwelcher Religionsstifter, sondern er ist tatsächlich das Licht für mein Leben! – Und deshalb habe ich Jesus dann im Gebet in mein Leben eingeladen und bin Christ geworden. Diese Begegnung mit Jesus war das Beste, was mir je passiert ist.

Ob ihr Konfis wohl ähnliche Erfahrungen machen könnt in eurer Konfi-Zeit? Ob euch auch ein Licht aufgeht, oder besser: nicht irgendein Licht, sondern Jesus als Licht für euer Leben?

Ich vergleiche jeden von euch einfach mal mit so einer schönen, jugendlich-frischen Kerze: So eine Kerze ist auch schön anzuschauen, vor allem, wenn sie so kunstvoll und individuell verziert ist, wie das eure Kerzen sind.

Aber, Leute: Auch wenn diese Kerze noch so schön anzuschauen ist: Erst dann, wenn sie sich anzünden lässt, hat sie den Sinn ihres Daseins gefunden!

Und so ist das auch mit euch Konfis: Ihr alle seid wunderbar anzuschauen. Aber erst dann, wenn ihr euch von der Liebe Jesu anzünden lasst, werdet ihr merken: Das ist es! Mit Jesus habe ich das Licht und den Sinn für mein Leben gefunden!

Leute, Jesus ist Feuer und Flamme für euch! Mehr, als ihr euch das jetzt vorstellen könnt. Ob ihr im Lauf des Konfi-Unterrichts auch Feuer und Flamme für ihn sein werdet? Ich bin gespannt!

Amen." ❖

H. Konfirmation – darum wurde sie erfunden

Das Wort „Konfirmation" kommt aus dem Lateinischen. Dort bedeutet „confirmatio" soviel wie „Befestigung" oder „Bestärkung".
Gemeint ist bei der Konfirmation die Bestärkung im Glauben an Jesus Christus.

Die Konfirmation gibt schon fast so lange wie die evangelischen Christen selbst, nämlich seit dem 16. Jahrhundert, also seit der sogenannten „Reformationszeit" (Stichwort: Martin Luther).

„Erfinder" der Konfirmation war der Theologe Martin Bucer (sprich: „Buzer"). Er lebte von 1495 bis 1551 und wirkte vor allem in Straßburg und Hessen, später dann in England.

Konfirmation hat nach Martin Bucer folgenden Sinn: In der Konfirmation werden die Jugendlichen, „nachdem sie im christlichen Glauben so weit gelehret [sind], auf ihr selbst [= eigenes] Bekenntnis und Ergeben an Christum hin zu der christlichen Gemeinde bestätigt."
Im Klartext: Die Konfirmation ist gedacht als Bestätigung des Taufbundes für alle, die bereits als Kinder getauft wurden und die jetzt als Christen in ihrer Gemeinde leben wollen.
Wer sich konfirmieren lässt, sagt damit also: „Ich will zu Jesus gehören! In der Taufe sagte Jesus ‚Ja!' zu mir. In der Konfirmation sage ich ‚Ja!' zu ihm."

Der „Erfinder" der Konfirmation:
Martin Bucer (1495–1551)

„In der Taufe sagte Jesus ‚Ja!' zu mir.

In der Konfirmation sage ich ‚Ja!' zu ihm."

Nach einem ein- bis zweijährigen Unterricht werden die Konfirmandinnen und Konfirmanden unter Handauflegung und Gebet in einem feierlichen Gottesdienst eingesegnet.
Jetzt sind sie gleichberechtigte Mitglieder der Kirche: Sie dürfen Patinnen bzw. Paten werden, bei der Gemeindeversammlung mitwirken und anderes mehr.
Früher durften die Jugendlichen (erst) beim Konfirmationsgottesdienst auch zum ersten Mal am Abendmahl teilnehmen. ◆

Denke nach: Welche der auf Seite 11 genannten Gründe für die Konfirmation entsprechen wohl am ehesten der Absicht Martin Bucers? – Schraffiere die entsprechende Sprechblase dort mit rotem Holzstift!

◄ *Pfarrer Müller erzählt Heiner, was die Konfirmation bedeutet.*
Wer die Punkte in der richtigen Reihenfolge verbindet, erfährt schnell, was der Pfarrer meint.

2. Gottes Wort

Gott spricht zu dir

2. Gottes Wort

Gott spricht zu dir

A. Die Bibel – mehr als nur ein Buch!

Die Bibel ist das meistgedruckte Buch aller Zeiten: Heute werden jedes Jahr mehr als 44 Millionen Stück verkauft. Mittlerweile ist die Bibel in mehr als 1.900 Sprachen übersetzt – mehr als irgend ein anderes Werk der Weltliteratur.

Die Texte der Bibel sind 2.000 bis 3.000 Jahre alt. Und doch: die Bibel fasziniert bis heute viele Menschen. Sie finden in ihr Antwort auf die Fragen des Lebens.

Die Bibel erzählt von Gott und davon, was Menschen mit ihm erlebt haben. Sie steckt voller Geschichten über Liebe und Ablehnung, Tapferkeit und Angst, Krieg und Frieden, Traurigkeit und Freude.
Wer also etwas über Gott und über das Leben erfahren möchte, der findet in der Bibel Antwort auf viele Fragen.

Jemand hat einmal gesagt: „Die Bibel ist Gottes Liebesbrief an uns Menschen!" Und wirklich: Immer wieder merken Menschen, die in der Bibel lesen, dass Gott selbst durch dieses Buch zu ihnen ganz persönlich und in ihren Alltag hinein spricht!
Wer sich in die Bibel vertieft, der erkennt: Hier bin ja ich gemeint! Hier geht es um mein Leben mit allem, was dazugehört!
Wer sein Ohr lange genug an die Bibel hält, der kann Gottes Herz schlagen hören. In ihr lässt also der „Chef der Welt" von sich hören.

> *„Wer sein Ohr lange genug an die Bibel hält, der kann Gottes Herz schlagen hören."*

Die Bibel ist freilich nicht einfach vom Himmel gefallen: Über einen Zeitraum von mehr als 1.000 Jahren hinweg haben viele unterschiedliche Menschen an ihr mitgeschrieben: Bauern und Könige, Priester und Propheten, Zeltmacher und Zolleinnehmer.
Hinter allen diesen Leuten aber stand Gott selbst, der ihre Wörter bis heute gebraucht, um sein Wort an uns Menschen auszurichten.

Man kann es so sagen: Die Bibel ist Menschenwort und Gotteswort zugleich!

Von allen Möglichkeiten, Gott und seinen Willen für unser Leben zu erkennen, ist die Bibel ganz klar die wichtigste. Ohne sie wüssten wir nichts Verlässliches über Gott! ❖

Lies in deiner Bibel im 2. Timotheusbrief, Kapitel 3, die Verse 14–17! Was erfährst du dort über die Bibel?

Auf der gegenüberliegenden Seite siehst du eine Übersicht über alle Bücher der Bibel. Schraffiere die einzelnen Regale und die zugehörigen Bücher in gut zu unterscheidenden Farben (Holzstifte)! ▶

B. Die Bibel – eine kleine Bibliothek

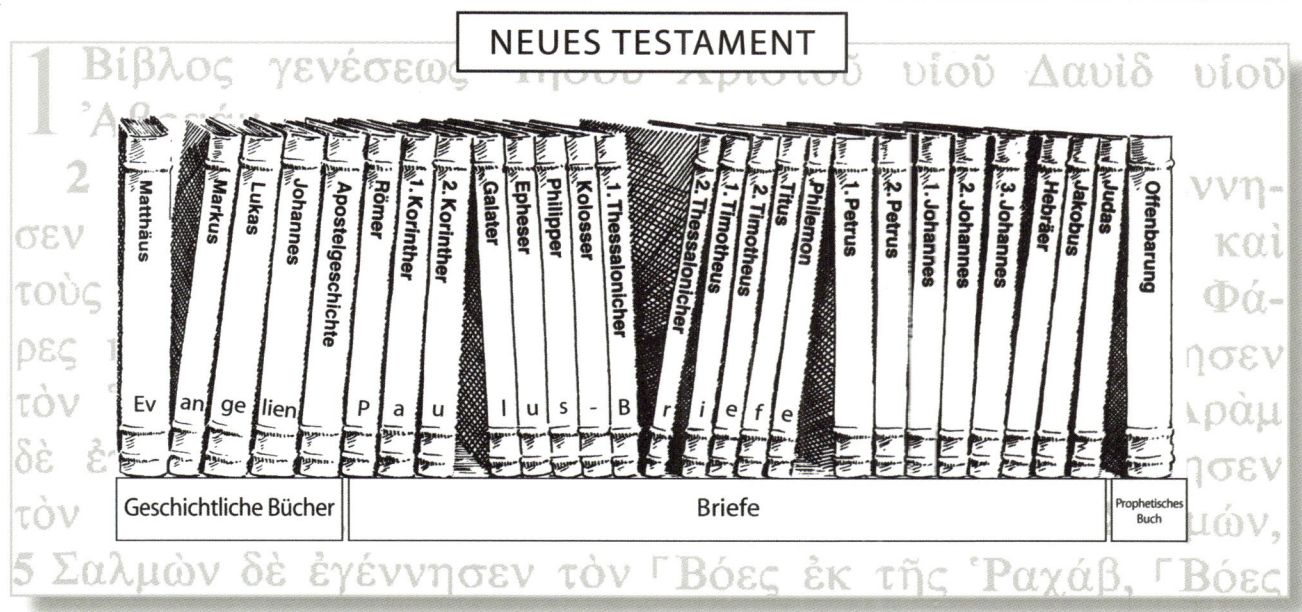

ALTES TESTAMENT

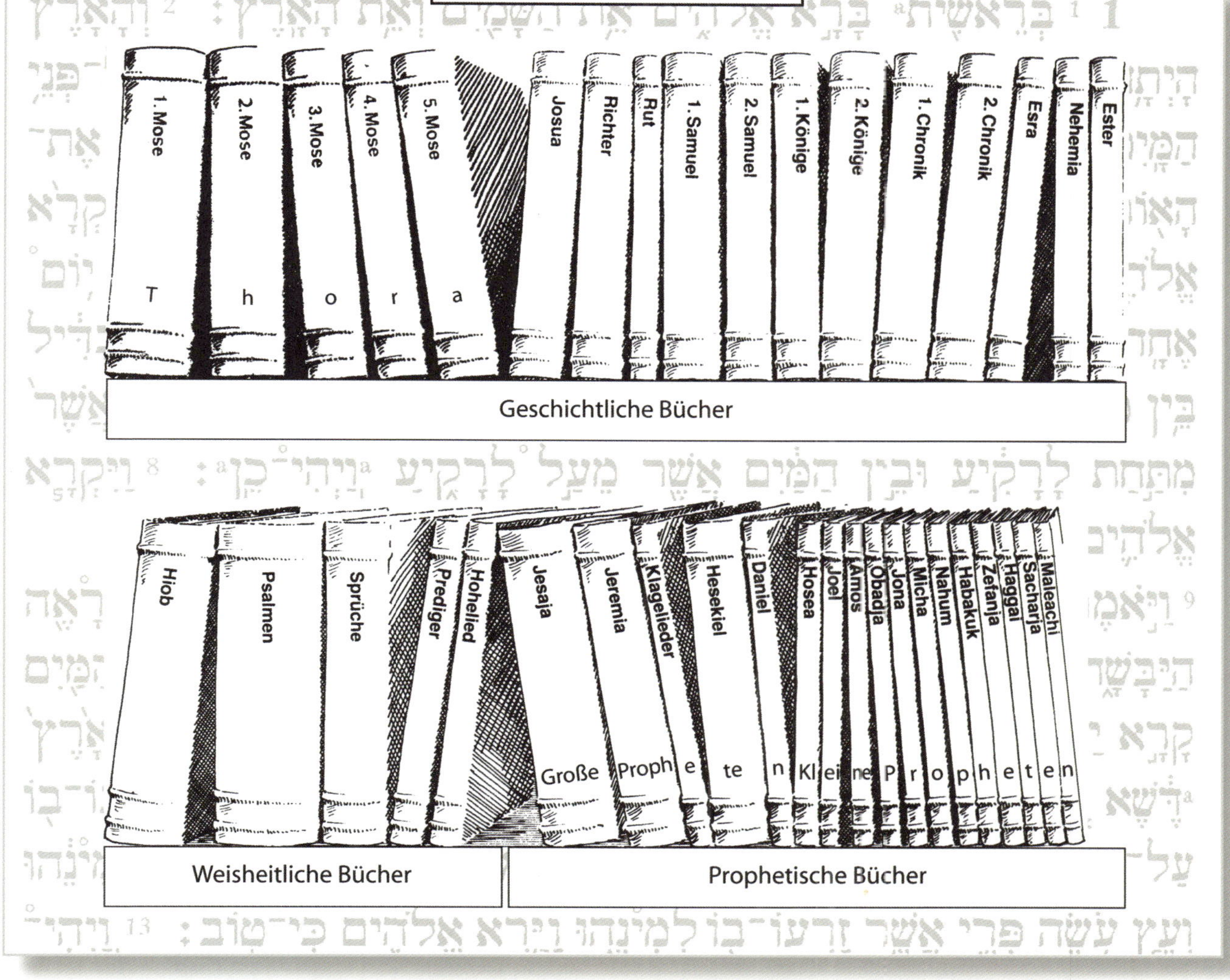

1. Mose · 2. Mose · 3. Mose · 4. Mose · 5. Mose · Josua · Richter · Rut · 1. Samuel · 2. Samuel · 1. Könige · 2. Könige · 1. Chronik · 2. Chronik · Esra · Nehemia · Ester

T h o r a

Geschichtliche Bücher

Hiob · Psalmen · Sprüche · Prediger · Hohelied · Jesaja · Jeremia · Klagelieder · Hesekiel · Daniel · Hosea · Joel · Amos · Obadja · Jona · Micha · Nahum · Habakuk · Zefanja · Haggai · Sacharja · Maleachi

Große Propheten · Kleine Propheten

Weisheitliche Bücher

Prophetische Bücher

NEUES TESTAMENT

Matthäus · Markus · Lukas · Johannes · Apostelgeschichte · Römer · 1. Korinther · 2. Korinther · Galater · Epheser · Philipper · Kolosser · 1. Thessalonicher · 2. Thessalonicher · 1. Timotheus · 2. Timotheus · Titus · Philemon · 1. Petrus · 2. Petrus · 1. Johannes · 2. Johannes · 3. Johannes · Hebräer · Jakobus · Judas · Offenbarung

Ev an ge lien

P a u l u s - B r i e f e

Geschichtliche Bücher

Briefe

Prophetisches Buch

C. Das steht drin – die Bibel im Überblick

1. ALTES TESTAMENT
(39 Bücher)

a) Geschichtliche Bücher (1. Mose bis Ester):
Sie erzählen zunächst von der Weltschöpfung, der Sintflut und Israels Vätern (18. Jh. v.Chr.) (1. Mose). Dann wird vor allem die Geschichte des Volkes Israel vom Auszug aus Ägypten (13. Jh. v.Chr.) bis zur Rückkehr ins eigene Land nach dem Exil in Babylon (6./5. Jh. v.Chr.) erzählt (2. Mose bis Ester). Besonders wichtig sind die fünf Bücher Mose, auch „Thora" (hebräisch:„Weisung") genannt.

b) Weisheitliche Bücher (Hiob bis Hohelied):
Sie umfassen Lieder und Gebete (Psalmen), Lebensweisheiten (Sprüche; Prediger), ein Lied auf die Liebe (Hohelied) und ein Buch, das sich mit der Frage des Leids beschäftigt (Hiob).

c) Prophetische Bücher (Jesaja bis Maleachi):
Sie enthalten die Worte und Taten von „Propheten", das heißt von Gottesmännern, die dem Volk den Willen Gottes und/oder dessen zukünftiges Tun ausrichteten.
Besonders wichtig sind Jesaja, Jeremia, Hesekiel und Amos.

Die Bücher des Alten Testaments wurden etwa zwischen dem 10. und 5. Jh. v.Chr. geschrieben, die ältesten Teile der Mosebücher noch früher. ❖

Das älteste Fragment des Neuen Testaments mit Text aus dem Johannesevangelium (ca. 130 n.Chr.) (griechisch)

2. NEUES TESTAMENT
(27 Bücher)

a) Geschichtliche Bücher (Matthäusevangelium bis Apostelgeschichte):
Sie erzählen das Leben und Wirken von Jesus (Matthäus bis Johannes, die vier „Evangelien" also) beziehungsweise von der Entstehung der ersten Christengemeinden (Apostelgeschichte).

b) Briefe (Römerbrief bis Judasbrief):
Sie sind Schreiben von „Aposteln", das heißt von „Gesandten" von Jesus, an die ersten Christengemeinden.
Die wichtigsten Briefe sind die des Paulus, vor allem der Römerbrief, der 1. Korintherbrief und der Galaterbrief.

c) Prophetisches Buch (Offenbarung):
Es beschreibt in Bildern die Zeit bis zum Weltgericht und der Neuschöpfung des Kosmos.

Die Bücher des Neuen Testaments wurden alle im 1. Jh. n.Chr. oder im frühen 2. Jh. n.Chr. geschrieben. Die ältesten Teile des Neuen Testaments sind die Paulusbriefe (um 50 n.Chr.). ❖

Ein kleiner Ausschnitt der Jesaja-Rolle aus den Höhlen von Qumran (ca. 200 v.Chr.) (hebräisch)

D. So findest du alles in der Bibel – ein Wegweiser

In jeder Bibel ist vorne ein Inhalts-verzeichnis. In der „Guten Nach-richt für Teens" steht es auf den Seiten 4* und 5*.

Dort findest du folgende bei-den Listen: „Das Alte Testament" und „Das Neue Testament".

In jeder Liste stehen die Namen der Bücher, die im jeweiligen Teil der Bibel vorkommen. Die Sei-tenzahlen zeigen dir, wo du sie jeweils findest. (Achtung: Viele Seitenzahlen gibt es doppelt: einmal im Alten und ein-mal im Neuen Testament!)

Nachdem du das entspre-chende Buch aufgeschlagen hast, gilt es jetzt, die richtige Stelle zu finden. Dazu ist jedes Buch in Kapitel und Verse einge-teilt.

INHALT

Das Neue Testament

Geschichtliche Bücher

Die Gute Nachricht nach Matthäus . . . 3
Die Gute Nachricht nach Markus . . .
Die Gute Nachricht nach Lukas . . .
Die Gute Nachricht nach Johannes

...inde getan hat, wei...
...nser Herr möge ihm helfen, am ...
richts bei Gott Erbarmen zu finden!

Aufforderung zu ganzem Einsatz in der Weitergabe des Glaubens

2 Du aber, mein Sohn, werde stark durch Gnade, die dir durch Jesus Christus schenkt ist! ② Was ich dir vor vielen Zeug... die Lehre unseres Glaubens übergebe... das gib in derselben Weise an zuverl... ...weiter, die imstande si...

Die dicken Zahlen im Text zeigen dir, welches Kapitel hier an-fängt. Die kleinen Zahlen sind die Versnummern.

Hier ein kleines Beispiel: Ge-sucht wird 2. Timotheus 2,2. Du gehst wie folgt vor, um diese Textstelle zu finden:

1. Suche im Inhaltsverzeichnis für das Neue Testa-ment den „2. Brief an Timotheus" und schlage den Anfang auf (S. 280).

2. Suche nach der dicken „2" im Text (das ist die Kapitelnum-mer).

3. Suche nach der kleinen „2" (das ist die Versnummer).

Und siehe da: Schon hast du im 2. Timotheusbrief, Kapitel 2, Vers 2 gefunden! ❖

E. „Rätselhaft" – eine Tour durch das Buch der Bücher

Auf geht's zur Rätseltour durch deine Bibel! Gestartet wird im Alten Testament (Etap-pe 1), danach geht es um beide Bibelteile (Etappe 2), und schließlich steht das Neue Testament im Blickpunkt (Etappe 3).

Alle Lösungen schreibe bitte in bzw. unter die Rätsel! – Achtung: Die Bibeltexte sind der Luther-Überset-zung entnommen, lauten zum Teil also etwas anders als in deiner Bibel!

ETAPPE 1: ALTES TESTAMENT

Ein Gesangbuch voller Bilder
Die 150 Psalmen in der Mitte der Bibel sind das Gesangbuch der Juden.
Hier sind bekannte Verse daraus. Eines der drei gezeichneten
Bilder stellt das fehlende Wort in jedem Vers dar.

Der Herr ist mein _____, mir wird nichts mangeln. (Psalm 23,1)

Der Herr ist mein _____ und mein Heil, vor wem sollte ich mich fürchten? (Psalm 27,1)

Wie der _____ lechzt nach frischem Wasser, so schreit meine Seele nach dir. (Psalm 42,2)

Gott legt uns eine _____ auf, aber er hilft uns auch. (Psalm 68,20)

Die mit _____ säen, werden mit Freuden ernten. (Psalm 126,5)

Meine Zuversicht und meine _____, mein Gott, auf den ich hoffe. (Psalm 91,2)

Ich will den Herren loben allezeit, sein Lob soll immerdar in meinem _____ sein. (Psalm 34,2)

Meine Tage sind vergangen wie ein _____. (Psalm 102,4)

Ich hebe meine Augen auf zu den _____. Woher kommt mir Hilfe? (Psalm 121,1)

Er weidet mich auf grüner Aue und führet mich zum frischen _____. (Psalm 23,2)

Ich will lieber die _____ hüten in meines Gottes Hause als wohnen in den Hütten der Gottlosen. (Psalm 84,11)

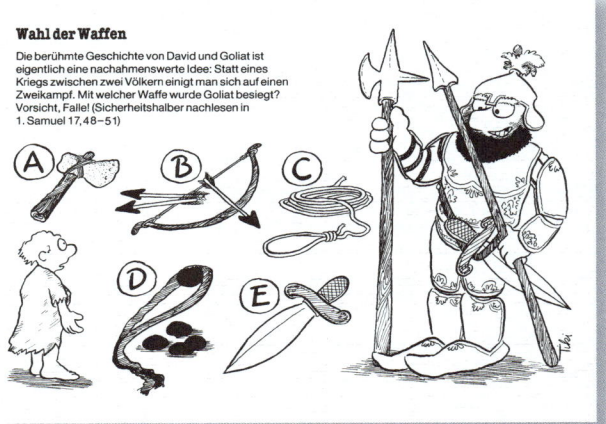

Wahl der Waffen

Die berühmte Geschichte von David und Goliat ist eigentlich eine nachahmenswerte Idee: Statt eines Kriegs zwischen zwei Völkern einigt man sich auf einen Zweikampf. Mit welcher Waffe wurde Goliat besiegt? Vorsicht, Falle! (Sicherheitshalber nachlesen in 1. Samuel 17,48–51)

Frauen in der Überzahl

In der guten (?) alten Zeit der Patriarchen und Könige des Alten Testaments war es üblich, daß die berühmten Männer mehrere Frauen hatten. Zu welchem Herrn gehört welche Damengruppe? Beweise stehen in 1. Mose 17,15; 25,1; 29,22–29; 1. Samuel 14,50; 2. Samuel 3,2–5; 1. Könige 11,3; Ester 2,17.

ETAPPE 2: ALTES UND NEUES TESTAMENT

Was war wann?

Das ist gar nicht so einfach: Diese neun Personen in der Reihenfolge aufzählen, in der sie in der Bibel vorkommen.

Geheimnisvolle Kindheitsgeschichten

haben diese fünf Männer aus der Bibel. Welches Kinderbild gehört zu welchem Erwachsenen? Lösungshinweise stehen in 1. Mose Kapitel 22,9 und 37,21+22; 2. Mose 2,1–10; 1. Samuel 16,1–10; Lukas 1,63.

Worte in Bildern

(Hoffentlich) bekannte Lebensregeln Jesu aus dem Matthäusevangelium.
Das wichtigste Wort ist wieder nur gezeichnet.

Der Mensch lebt nicht vom ___ allein, sondern von einem jeglichen Wort, das durch den Mund Gottes geht. (Matth.4,4)

Wenn jemand mit dir streiten will und deinen Rock nehmen, dem laß auch den ___ (Matthäus 5,40)

Man füllt nicht jungen Wein in alte ___. (Matthäus 9,17)
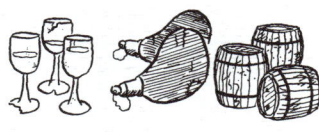

Will mir jemand nachfolgen, der nehme sein ___ auf sich und folge mir. (Matthäus 16,24)

Wer hat es richtig?

Jesus redete viel in Bildern. In diesen Sätzen aus dem Lukasevangelium ist das entscheidende Bildwort wirklich nur als Bild vorhanden. Damit es schwieriger wird, wieder zusammen mit zwei falschen.

Wer die Hand an den ___ legt und sieht zurück, der ist nicht geeignet für das Reich Gottes. (Lukas 9,62)

Schon ist den Bäumen die ___ an die Wurzel gelegt. (Lukas 3,9)
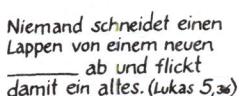

Die Gesunden brauchen keinen ___, sondern die Kranken. (Lukas 5,31)

Niemand schneidet einen Lappen von einem neuen ___ ab und flickt damit ein altes. (Lukas 5,36)
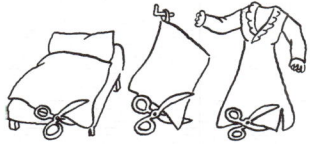

Wer bin ich?

Jetzt kommt etwas ganz Schwieriges: Siebenmal sagt Jesus im Johannesevangelium »Ich bin . . .«. Welche Bilder verwendet Jesus für sich selber? Alle sind auf der Zeichnung versteckt. Beim Evangelisten Johannes stehen sie in den Kapiteln 6,35; 8,12; 10,11; 11,25; 14,6; 15,1; 18,37.

Ein merkwürdiges Zeichen

Die Jünger wundern sich sehr über das, was Jesus kurz vor seiner Hinrichtung mit ihnen macht. Wer die Punkte in der richtigen Reihenfolge verbindet, wird die gemeinte Geschichte erkennen (Sie steht im Johannesevangelium, Kapitel 13).

Ein rätselhafter Tod

In einem Haus in Jerusalem wird ein Toter aufgefunden. Neben ihm lagen die hier gezeigten Gegenstände. Wer kennt den Toten? Wer hat ihn zuletzt gesehen? Wer kann nähere Angaben über seine letzten Tätigkeiten und Aufenthaltsorte machen? Und vor allem: Warum und wie ist er gestorben? Sachdienliche Hinweise in Matthäus 27,3–5 und Johannes 12,16.

Herr Streusel in Nöten

Herr Streusel, der eine Sammlung der Briefe des Apostels Paulus zusammenstellen möchte, ist ratlos: Auf seinen Tisch sind drei Briefe geraten, die nie und nimmer von Paulus sind und die nicht einmal in der Bibel stehen.

F. Voll kreativ – du bastelst dein Lesezeichen!

Du hast es bei der Rätseltour sicher schon gemerkt: Beim Lesen in der Bibel kann man ein Lesezeichen gut gebrauchen!
a) Schlage die untenstehenden Verse in deiner Bibel nach und schreibe den Text auf das Blatt!

– b) Wähle dir einen der Verse aus! – c) Gestalte ihn mit schöner Schrift und mit den ausliegenden Materialien als Lesezeichen! – d) Beklebe das fertige Lesezeichen mit der durchsichtigen Schutzfolie!

Psalm 56,5: _____

_____

_____

_____

_____

2. Timotheusbrief 3,16b: „Denn jede Schrift … ____

_____

_____

_____

Matthäusevangelium 24,35: _____

_____

_____

_____

_____

_____

Kolosserbrief 3,16a: _____

_____

_____

_____

… entfalten."

5. Mose 8,3c: „Der Mensch _____

_____

_____

_____

_____

_____

_____

Johannesevangelium 6,68b: __

„Herr, zu wem _____

_____

_____

_____

G. Bibellesen – warum und wie?

1. BIBELLESEN – WARUM?

Na zum Beispiel weil …

… durch die Bibel Gott zu dir spricht, der dich geschaffen hat, der dich liebt und der das Gespräch mit dir sucht (Johannesevangelium 15,15). Klar: Gute Freunde reden miteinander!

… der Mensch nicht nur vom Brot alleine lebt, sondern von jedem Wort, das aus Gottes Mund kommt (5. Mose 8,3c).

Logisch: Geld und Besitz können Gottes Liebe nie ersetzen!

… Gottes Wort wie eine Leuchte für dein Leben ist und dir Licht gibt für den nächsten Schritt (Psalm 119,105).
Super: Die Bibel ist wie ein Leuchtturm. Sie hilft dir, mit deinem Leben den rechten Kurs zu finden!

„Die Bibel ist wie ein Leuchtturm: Sie hilft dir, mit deinem Leben den rechten Kurs zu finden!"

… Gottes Wort alle Infos enthält, die du für ein Leben mit Jesus brauchst (2. Timotheusbrief 3, 15–17).
Spitze: Die Bibel ist so eine Art Schweizer Taschenmesser von Gott für dich!

… die Texte der Bibel wie Samenkörner sind, die Gott in das Feld deines Lebens einsäen möchte (Markusevangelium 4,1–8 und 13–20).
Klasse: Dein Leben kann Frucht bringen für Gott!

Oben im Text sind fünf Bibelstellen angegeben. Schlage sie in deiner Bibel auf und unterstreiche sie farbig (Holzstifte)!

2. BIBELLESEN – WIE?

Die beste Zeit (Morgens zum Frühstück? Abends vor dem Schlafen?) und den besten Ort muss jeder für sich selbst rausfinden.

Wichtig ist, sich echt regelmäßig Zeit zum Bibellesen zu nehmen: jeden Tag, je-

den zweiten Tag, zweimal die Woche – wie auch immer.
Mache dir klar: Du hast ein Treffen mit dem „Chef der Welt"! Du hast einen Termin mit Gott!

Eine gute Methode für's Bibellesen kannst du dir mit dem Merkwort „B-I-B-E-L" einprägen:

a) Bitten: Bitte Gott darum, dass er durch den Text, den du gleich lesen möchtest, zu dir redet.

b) Informieren: Setze dich ins Bild darüber, was der Bibeltext sagt, indem du ihn genau liest. Wenn du etwas nicht verstehst, schlage in den „Sacherklärungen" deiner Bibel nach.

c) Befragen: Stelle Fragen an den Text: Was sagt er über Gott, was über uns Menschen? Was hat das für dich und dein Leben zu bedeuten? Die „Highlights" des Textes kannst du unterstreichen, auswendig lernen, in dein Tagebuch schreiben …

d) Erzählen: Sage Gott, was dir durch den Text klar geworden ist. Und wenn du gerade dabei bist: Besprich doch gleich alles, was an diesem Tag so ansteht bzw. anstand.

e) Leben: Tue und lebe, was du gelesen hast! Es geht nicht um bloßes Bibelwissen, sondern um ein erfülltes Leben im „Jesus-Stil".

H. Bibellesen – mit was fängst du an?

Am besten fängst du mit dem „ersten Streifzug durch die Bibel" an, den du unten auf dieser Seite findest.

Er führt dich in einer sinnvollen Reihenfolge durch 20 wichtige Texte der Bibel. Damit hast du dann erst mal einen „roten Faden" durch die Geschichte Gottes mit uns Menschen.

Danach benutzt du am besten einen sogenannten „Bibelleseplan". Damit bist du fein raus: Für jeden Tag ist darin nämlich ein kurzer Bibeltext angegeben, zusammen mit Erklärungen, Anregungen und vielem mehr.

Ein Schnupperexemplar von „pur" oder eines anderen Bibelleseplans bekommst du im Konfi-Unterricht geschenkt – test it!

Wenn du stattdessen (oder zusätzlich) auf eigene Faust durch die Bibel lesen möchtest, solltest du mit dem Neuen Testament beginnen.

Gut geeignet sind zum Beispiel das Lukas- oder das Markusevangelium!

Die Zwischenüberschriften in deiner Bibel können dir helfen, sinnvolle Abschnitte für deine ganz persönliche Bibellesetour zu finden.

Wie auch immer: Überfordere dich nicht – lieber etwas weniger lesen, dafür aber regelmäßig! ❖

I. Hier starten – dein erster Streifzug durch die Bibel!

 *a) Lies in den nächsten drei Wochen die unten genannten 20 Bibeltexte sorgfältig durch (markiere die gelesenen Texte durch ein Kreuz im entsprechenden Kästchen)! – b) Notiere dir Beobachtungen und Fragen!*

- ❏ 1. Mose 1,1–2,4: Aus wessen Hand alles kommt – die Schöpfung
- ❏ 1. Mose 3,1–24: Wie wir Menschen Gott misstrauen – der „Sündenfall"
- ❏ Römerbrief 1,18–32: Hart, aber gerechtfertigt – der Zorn Gottes
- ❏ Lukasevangelium 2,1–20: Happy Birthday, Jesus! – Weihnachten
- ❏ 1. Korintherbrief 1,18–31: Das Plus für's Leben – die Botschaft vom Kreuz
- ❏ Philipperbrief 2,5–11: Der heruntergekommene Gott – der Weg Jesu
- ❏ Johannesevangelium 20+21: Jesus ist nicht totzukriegen – die Auferstehung am Ostermorgen
- ❏ Apostelgeschichte 1+2: Himmlisch und geistreich – Himmelfahrt und Pfingsten
- ❏ Römerbrief 3,9–26: Wer's glaubt, wird selig – die Bedeutung des Glaubens
- ❏ 2. Mose 20,1–21: Verkehrsregeln für den Lebensweg – die 10 Gebote

- ❏ Matthäusevangelium 5-7: Ohne Wenn und Laber – die Bergpredigt
- ❏ Psalm 51: Wenn das Gewissen drückt – Bitte um Vergebung
- ❏ Psalm 23: Ganz schön „schaf" – der Herr ist mein Hirte
- ❏ Psalm 139: Alles im Griff? – unser Leben in Gottes Hand
- ❏ Lukasevangelium 10,27–37: Nächstenliebe – das Gleichnis vom barmherzigen Samariter
- ❏ Lukasevangelium 15,11-32: Gott und wir? – das Gleichnis vom verlorenen Sohn
- ❏ 1. Korintherbrief 13: Ohne wird's öde – das „Hohelied der Liebe"
- ❏ 1. Korintherbrief 15: Verfaulen, und dann? – Auferstehung
- ❏ Matthäusevangelium 24+25: Der große Showdown – das Ende der Zeit
- ❏ Offenbarung 21,1–22,5: Schon in Gottes Terminkalender – die neue Welt

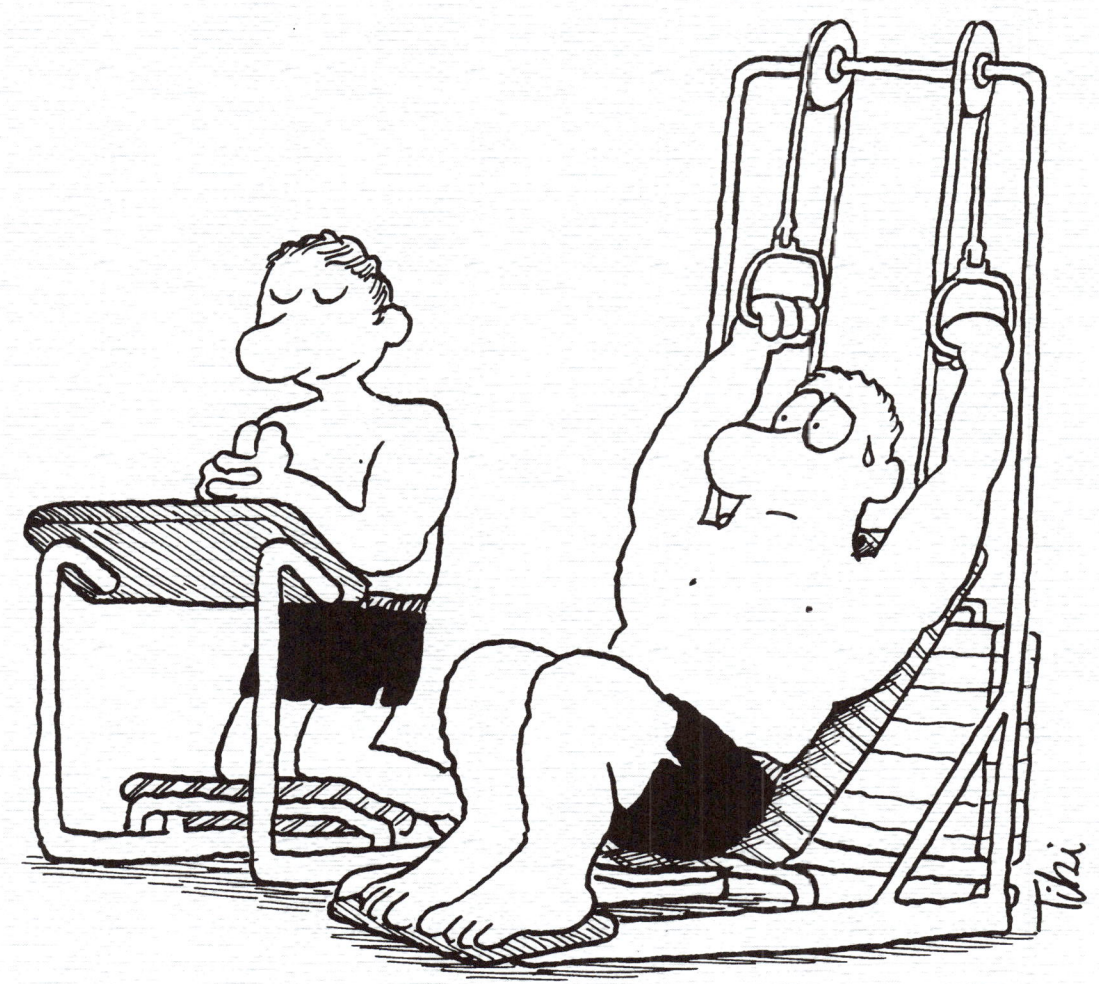

3. Gebet

Du sprichst zu Gott

3. Gebet

Du sprichst zu Gott

A. Umfrage aktuell – wer betet wann, wie, wo?

In der Gruppe haben wir eine anonyme Umfrage rund um das Thema „Gebet" gemacht – du erinnerst dich sicher.

Trage bitte die Ergebnisse der Umfrage hier ein! Was findest du daran überraschend? Was hättest du erwartet? Wo bist du anders als die meisten?

Auswertung der Gruppenumfrage zum Thema „Gebet"

1. Ich bete   ___ täglich.   ___ ab und zu.   ___ nie.

2. Ich bete zumeist   ___ laut.   ___ flüsternd.   ___ ganz still.

3. Ich bete zumeist   ___ mit offenen Augen.   ___ mit geschlossen Augen.   ___ mal so – mal so.

4. Ich bete zumeist   ___ zu Gott allgemein.   ___ zu Jesus.   ___ zu _____.

5. Ich bete zumeist   ___ wenn es mir gut geht.   ___ wenn es mir schlecht geht.   ___ egal, wie es mir geht.

6. Ich bete zumeist   ___ mit eigenen Worten.   ___ ein gelerntes Gebet.   ___ mal so – mal so.

7. Ich habe Gott z.B. gedankt für _____.

8. Ich habe Gott z.B. gebeten um _____.

9. Gott hat mein Gebet   ___ immer   ___ meistens   ___ selten   ___ nie   erhört.

B. Mit Gott durch den Tag – er hört dich!

Auf der nächsten Seite findest du einige Stationen eines ganz normalen Tages – manches wird dir sicher bekannt vorkommen.

Versuche, dich in die genannten Situationen hineinzudenken und schreibe auf, was du Gott in diesen Momenten im Gebet sagen würdest! ▶

1. Du bist gerade aufgewacht. – Sage Gott kurz „Guten Morgen!"

_____

_____

_____

_____

2. In der dritten Schulstunde hast du heute total versagt. – Sprich mit Gott darüber!

_____

_____

_____

_____

3. In der Pause hält man dich für einen Idioten, bloß weil du für einen ausländischen Mitschüler Partei ergreifst. – Rede mit Gott darüber!

_____

_____

_____

_____

4. Auf dem Heimweg sagt dir dein Freund, dass sein Vater schwer krebskrank ist. – Bete zu Gott!

_____

_____

_____

_____

5. Daheim ist mal wieder Elternkrach angesagt. – Was sagst du zu Gott?

_____

_____

_____

6. Beim Mittagessen sprichst du ein Tischgebet. – Notiere es auf!

_____

_____

_____

7. In der Tagesschau erfährst du von einer neuen Hungerkatastrophe im Sudan. – Besprich dich mit Gott!

_____

_____

_____

8. Am Abend lässt du im Bett den Tag noch einmal in Gedanken vorübergehen. – Was beredest du mit Gott?

_____

_____

_____

C. Psalm 23 – Gott als guter Hirt' und Wirt

 *Psalm 23 ist eines der bekanntesten und schönsten Gebete der Bibel.*
a) Lies dir seinen Wortlaut hier unten (Luther-Übersetzung!) und in *deiner Gute-Nachricht-Bibel genau durch! – b) Schreibe deine eigene Version von Psalm 23 in die Zeilen rechts (Gott als dein Freund, dein Vater, deine Mutter, dein Bruder …?)!*

PSALM 23

"Der Herr ist mein Hirte,
mir wird nichts mangeln.

Gott als guter Hirt'...

Er weidet mich auf einer grünen Aue
und führet mich zum frischen Wasser.
Er erquicket meine Seele.

Er führet mich auf rechter Straße
um seines Namens willen.

Und ob ich schon wanderte im finstern Tal,
fürchte ich kein Unglück;
denn du bist bei mir,
dein Stecken und Stab trösten mich.

Du bereitest vor mir einen Tisch
im Angesicht meiner Feinde.

Gott als guter Wirt ...

Du salbest mein Haupt mit Öl
und schenkest mir voll ein.

Gutes und Barmherzigkeit werden mir folgen
mein Leben lang,

und ich werde bleiben im Hause des Herrn
immerdar."

DEINE EIGENE VERSION

Gott, du bist für mich wie … _____

_____

_____

_____

_____

_____

_____

_____

_____

_____

_____

_____

_____

_____

_____

_____

_____

_____

 *a) Wähle dir einen Teil von Psalm 23 aus, der dich besonders anspricht! – b) Überlege dir, wie du die ausgewählten Worte bildlich darstellen könntest! – c) Lies dir die Tipps*

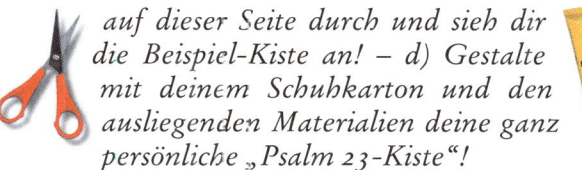 *auf dieser Seite durch und sieh dir die Beispiel-Kiste an! – d) Gestalte mit deinem Schuhkarton und den ausliegenden Materialien deine ganz persönliche „Psalm 23-Kiste"!*

Klebe den Karton innen mit dem passenden farbigen Papier aus – am besten vollständig!
Wolken kannst du malen oder aus Watte zupfen und aufkleben – für einen 3-D-Effekt mit etwas Abstand zum Hintergrund auf einer Kartonlasche.

Du kannst das Hintergrundpapier bekleben, bemalen oder beides zusammen.
Auch gut festgedrückte Teile aus Knete (Sonne, Mond oder Sterne) halten einwandfrei.
Denke auch hier an den räumlichen Eindruck!

Den Karton kannst du rundherum mit schönem Papier bekleben.

Auch Figuren kannst du aus Knete mit etwas Fingerspitzengefühl recht einfach herstellen.

Für Sachen, die aufrecht stehenbleiben sollen, benutzt du Karton, an den du Klebelaschen faltest.

Hier soll – schön geschrieben und ausgeschmückt – derjenige Teil von Psalm 23 stehen, den du im Karton gestaltest.

Wer möchte, kann auch auf Karton aufgeklebte Fotos aus Illustrierten benutzen. Knete, Karton oder Watte sehen aber einfach besser aus!

D. Das Vaterunser – das „Ur-Gebet" der Christen

Das Vaterunser ist das Gebet, das Jesus seinen Jüngern selbst beigebracht hat.

a) Lies dir das Vaterunser hier unten (kirchliche Fassung) und in deiner Gute-Nachricht-Bibel gut durch (Matthäusevangelium 6,9–13)! – *b) Ergänze in den grauen Zeilen eventuell unverständliche Passagen mit Formulierungen aus deiner eigenen Bibel. – c) Klebe passende Bilder des Ausschneidebogens neben die jeweiligen Vaterunser-Teile!*

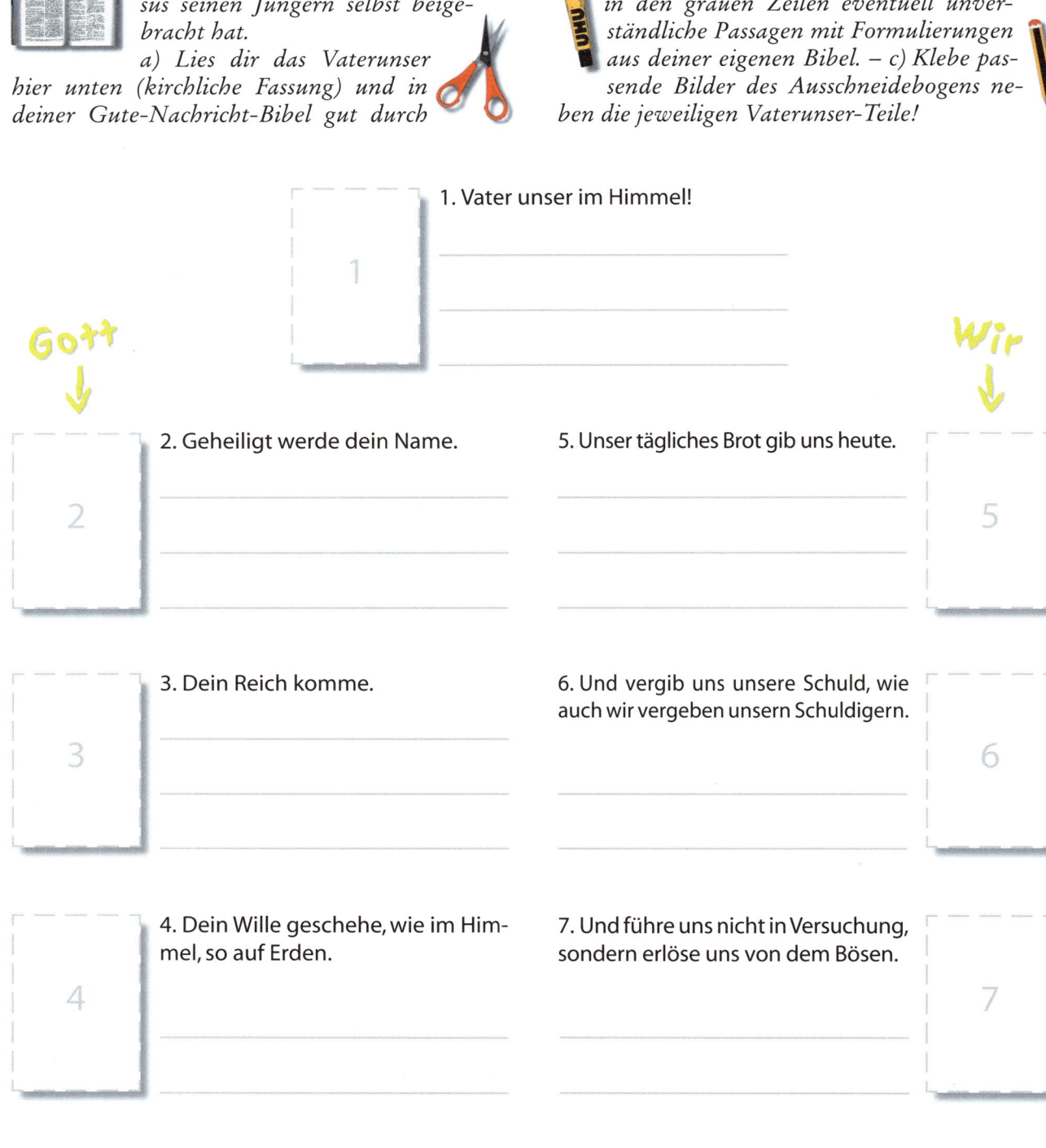

1. Vater unser im Himmel!

Gott ↓

Wir ↓

2. Geheiligt werde dein Name.

5. Unser tägliches Brot gib uns heute.

3. Dein Reich komme.

6. Und vergib uns unsere Schuld, wie auch wir vergeben unsern Schuldigern.

4. Dein Wille geschehe, wie im Himmel, so auf Erden.

7. Und führe uns nicht in Versuchung, sondern erlöse uns von dem Bösen.

8. Denn dein ist das Reich und die Kraft und die Herrlichkeit in Ewigkeit. Amen.

 *Wie es wohl wäre, wenn Gott so ganz direkt und hörbar auf dein Gebet antworten würde? Wie es wohl wäre, wenn er sich richtig mit dir unterhalten würde beim Beten des Vaterunsers? – Vielleicht würde es sich ja so abspielen, wie im folgenden Text …*

„Vater unser im Himmel!"

„Ja?"

„Unterbrich mich nicht, ich bete."

„Aber du hast mich doch angesprochen!"

„Ich dich angesprochen? Äh, also eigentlich nicht. Das beten wir eben so: Vater unser im Himmel!"

„Da, schon wieder! Du rufst mich an, um ein Gespräch zu beginnen, oder? Also, worum geht's?"

„Geheiligt werde dein Name."

„Meinst du das ernst?"

„Was soll ich ernst meinen?"

„Ob du meinen Namen wirklich heiligen willst. – Was bedeutet das denn?"

„Es bedeutet … meine Güte, ich weiß nicht, was es bedeutet! Woher soll ich das wissen?"

„Es heißt, dass du mich ehren willst, dass ich dir einzigartig wichtig und wertvoll bin."

„Aha. Hm – ja, das verstehe ich."

„Dein Reich komme. Dein Wille geschehe, wie im Himmel, so auf Erden."

„Tust du was dafür?"

„Dass dein Wille geschieht? Natürlich! Ich gehe öfters zum Gottesdienst und zahle Kirchensteuer."

„Ich will mehr: dass dein Leben in Ordnung kommt, dass deine Angewohnheiten, mit denen du anderen auf die Nerven gehst, verschwinden. Ich will, dass Kranke geheilt, Hungernde gespeist und Trauernde getröstet werden; denn alles, was du anderen Menschen tust, das tust du für mich."

„Warum hältst du das ausgerechnet mir vor? Was meinst du, wie viele stinkreiche Heuchler in den Kirchen sitzen. Schau die doch an!"

„Entschuldige! Ich dachte, du betest wirklich darum, dass mein Wille geschieht. Das fängt nämlich ganz persönlich bei dem an, der darum bittet. Erst wenn du dasselbe willst wie ich, kannst du ein Botschafter meines Reiches sein."

„Na ja – das leuchtet mir schon ein."

„Unser tägliches Brot gib uns heute."

„Du hast jeden Tag reichlich zu essen, Mann! Deine Bitte beinhaltet die Verpflichtung, etwas dafür zu tun, dass die Millionen Hungernden dieser Welt ihr tägliches Brot bekommen."

„Und vergib uns unsere Schuld, wie auch wir vergeben unseren Schuldigern."

„Und Thomas?"

„Thomas? – jetzt fang nicht von dem an! Du weißt doch, dass er mich öffentlich blamiert hat, dass er mir jedesmal dermaßen arrogant gegenübertritt, dass ich schon wütend bin, bevor er seinen Mund aufmacht. Und das weiß er auch! Er tanzt mir auf dem Kopf herum, dieser Typ …"

„Ich weiß, ich weiß. Und dein Gebet?"

„Ich meinte es nicht so."

„Du bist wenigstens ehrlich. Macht dir das eigentlich Spaß, mit so viel Bitterkeit und Abneigung im Bauch herumzulaufen?"

„Es macht mich krank!"

„Ich will dich heilen. Vergib Thomas, und ich vergebe dir. Dann ist Arroganz Thomas' Sünde und nicht deine. Vielleicht verlierst du ein Stück Image, aber es wird dir Frieden ins Herz bringen."

„Hm – ich weiß nicht, ob ich mich dazu durchringen kann …"

„Ich helfe dir dabei."

„Und führe uns nicht in Versuchung, sondern erlöse uns von dem Bösen."

„Nichts lieber als das! Meide bitte Personen oder Situationen, durch die du versucht wirst."

„Wie meinst du das?"

„Du kennst doch deine schwachen Punkte: Unehrlichkeit, Egoismus, Aggressivität, … Gib der Versuchung keine Chancen!"

„Also, ich glaube, dies ist das schwierigste Vaterunser, das ich je gebetet habe. Aber es hat zum ersten Mal etwas mit meinem täglichen Leben zu tun."

„Schön! Wir kommen vorwärts. – Bete ruhig zu Ende."

„Denn dein ist das Reich und die Kraft und die Herrlichkeit in Ewigkeit. Amen."

„Weißt du, was ich einfach herrlich finde? Wenn Menschen wie du anfangen, mich ernst zu nehmen, echt zu beten, mir nachzufolgen und dann das zu tun, was mein Wille ist. Wenn sie merken, dass ihr Wirken für das Kommen meines Reiches sie letztlich selbst glücklich macht."

(nach: Clyde Lee Herring)

E. Beten – mit Leib und Seele

Dein Körper spiegelt oft deine Gefühle wieder: Der hängende Kopf, der lachende Mund, die hüpfenden Beine …
Hier unten links findest du mögliche Körperhaltungen beim Beten.

a) Schreibe in die leeren Zeilen in Stichworten, welche Gefühle die jeweiligen Körperhaltungen ausdrücken könnten! – b) Ordne die deiner Meinung nach passenden Gebete des Ausschneidebogens jeweils den Figuren zu!

F. Gott beantwortet dein Gebet – immer!

 *a) Schlage in deiner Bibel die in der linken Spalte genannten Verse auf! – b) Ergänze die entsprechenden Lückentexte!*

Wer mit seinen Bitten zu Gott kommt, der findet in der Bibel viele großartige Verheißungen für sich, zum Beispiel:

Matthäusevangelium 7,7:

„Bittet und ihr werdet _____ !"

Sucht, und ihr werdet _____ !"

Klopft an, und es wird euch _____ !"

Die Bibel nennt aber auch Gründe, warum Gott unsere Bitten nicht erfüllt, zum Beispiel:

Jakobusbrief 4,3:
„Und wenn ihr ihn bittet, bekommt ihr es nicht, weil ihr ihn nur in der Absicht bittet, eure unersättliche …

_____

_____ !"

· · · · · · · · · · · · · · · · · · ·

„Gott erfüllt nicht alle unsere Wünsche, aber alle seine Verheißungen!"

· · · · · · · · · · · · · · · · · · ·

 *Sieh dir die beiden Abbildungen an! Was haben sie wohl mit der Frage zu tun, ob und inwieweit Gott unsere Bitten erfüllt? Notiere!*

Es gibt grundsätzlich drei Möglichkeiten, wie Gott auf deine Bitten antwortet:

1. Gott sagt: Ja – grünes Licht! Du bekommst, was du von ihm erbeten hast.

2. Gott sagt: Warte noch – orangenes Licht! Du musst noch etwas warten, bis er dir gibt, um was du ihn gebeten hast.

3. Gott sagt: Nein – rotes Licht! Er hält es aus guten Gründen für besser, dir das Gewünschte nicht zu geben.

Konfirmandinnen und Konfirmanden haben folgende Gründe genannt, warum Gott manchmal „Nein!" zu unseren Bitten sagt:

· Weil wir zu viel fordern und klagen, anstatt zu geben und zu danken.

· Weil Gott besser weiß, was wirklich gut für uns ist.

· Weil die Gebete der Menschen sich zum Teil widersprechen: Der Bauer bittet um Regen, der Urlauber um Sonnenschein.

· Weil man nicht betet, um Wünsche erfüllt zu kriegen, sondern um mit Gott zu reden.

· Weil Gott manche unserer Gebete längst erhört hat, nur anders, als wir uns das vorgestellt haben, und darum merken wir es gar nicht.

· Weil Gott zwar „nicht alle unsere Wünsche, aber alle seine Verheißungen" erfüllt (Dietrich Bonhoeffer).

· Weil Gott uns Lasten nicht immer abnimmt, sondern uns stattdessen die Kraft gibt, sie zu tragen.

· Weil Gott nichts tut, was wir selber tun sollen.

· Weil _____

G. Beten – warum und wie?

1. BETEN – WARUM?

Na zum Beispiel weil …

… das Gebet deine Antwort ist auf das Reden Gottes zu dir in der Bibel. Du gibst Gott Rückmeldung auf sein Wort an dich (Psalm 119,97). Klar: Gute Freunde reden miteinander!

… das Gebet so eine Art „Erotik" des Glaubens ist (Psalm 18,2+3; Psalm 91,14).
Klasse: Du darfst Gott sagen, dass du ihn lieb hast!

… das Gebet der Atem deines Glaubens ist: Ohne Beten geht deinem Glauben die Puste aus (1. Thessalonicherbrief 5,17+18).
Logisch: Wer nicht mehr miteinander redet, wird sich fremd!

… das Gebet zwar nie die Tat ersetzt – es aber eine Tat ist, die durch nichts zu ersetzen ist (Hebräerbrief 13,15+16).
Super: Wenn wir beten, kommt Gottes Macht ins Spiel!

… das Gebet von Gott eine großartige Verheißung bekommen hat (Psalm 50,15; Matthäusevangelium 7,7–11; 18,19).
Spitze: Auf Gott kannst du dich voll und ganz verlassen! ❖

Oben im Text sind acht Bibelstellen angegeben. Schlage sie in deiner Bibel auf und unterstreiche sie farbig (Holzstifte)!

> *„Das Gebet ist der Atem deines Glaubens: Ohne Beten geht deinem Glauben die Puste aus!"*

2. BETEN – WIE?

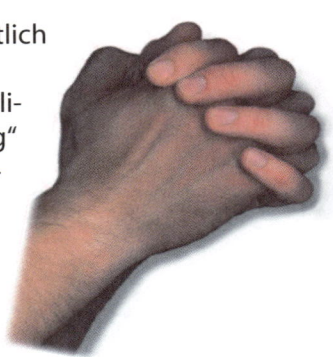

Beten kannst du eigentlich immer und überall! Egal, ob es die morgendliche „Lagebesprechung" für den Tag ist, das Stoßgebet vor der Deutsch-Arbeit oder der Tagesrückblick abends im Bett: Gott hat stets ein offenes Ohr für dich!

Mit Gott kannst du offen und ehrlich reden: du brauchst keine frommen „Schnörkel" und kein „Christenchinesisch". Sage Gott das, was du ihm sagen möchtest, so, wie du es am ehrlichsten und besten sagen kannst!

Eine mögliche Reihenfolge für dein Gebet kannst du dir mit dem Merkwort „A-B-B-A" einprägen (in der Muttersprache von Jesus bedeutet das „Papa" – so hat Jesus Gott angespochen …):

a) Anbeten: Sage Gott, was du an ihm großartig findest.

b) Bekennen: Benenne vor Gott, was schiefgelaufen ist und bitte ihn um Vergebung.

c) Bedanken: Danke Gott für alles, was er dir schenkt, dass er dir deine Schuld vergibt und dich von Herzen liebt.

d) Anliegen nennen: Sprich alles vor Gott aus, was du dir für andere Menschen und für dich von ihm wünschst und erhoffst.

Wenn du den Eindruck hast, dass dir die rechten Worte zum Gebet fehlen, dann bete doch einfach ein „Huckepack-Gebet" – zum Beispiel Psalm 23 oder das Vaterunser!

Dass unser Gebet so bei Gott ankommt, dass er es versteht, dafür sorgt Gott selbst. Wie? Das und noch mehr erfährst du im nächsten „G"-Schritt! ❖

4. Glaube

Das tut Gott für dich

4. Glaube

Das tut Gott für dich

A. Vom Glauben und Vertrauen

Ob du's glaubst oder nicht: Du glaubst ständig irgendetwas! Ein paar Beispiele gefällig? – Bitte!:

• Wenn du am Morgen deine Schule betrittst, glaubst du, dass sie nicht jeden Moment einfällt.

• Wenn du etwas vom Bäcker an der Ecke isst, glaubst du, dass er kein Irrer ist, der dich vergiften möchte.

• Wenn du auf dem Rummelplatz Achterbahn fährst, glaubst du, dass die Arbeiter alle Schrauben fest genug angezogen haben.

• Wenn du mit deinen Eltern im Auto wegfährst, glaubst du, dass die Bremsen funktionieren.

• Wenn du in ein Flugzeug einsteigst, um in die Ferien zu fliegen, dann glaubst du, dass der Pilot im Cockpit dich heil wieder auf die Erde runterbringt.

• Wenn du heiratest, glaubst du, dass es dein Partner gut mit dir meint.

Du siehst: „Glauben" ist eine alltägliche Sache. Dabei sind „Glauben" und „Vertrauen" dasselbe. Du vertraust jeden Tag anderen Menschen (die du oft gar nicht kennst) dein Leben an! Keiner von uns kommt im Leben ohne Glauben und Vertrauen aus! Und gerade wenn es um so wichtige Dinge wie Freundschaft und Liebe geht, klappt nichts ohne gegenseitiges Vertrauen.

> *„Man kann nicht nichts glauben!"*

Beim „Glauben" im religiösen Sinn ist es genauso: Keiner lebt, ohne irgendetwas zu glauben. Man kann einfach nicht nichts glauben!

• Wenn du deinem Horoskop glaubst, dann glaubst du, dass einige Planeten im Weltall dein Leben mehr oder weniger bestimmen.

• Wenn du nur glaubst, was du siehst, dann glaubst du, dass alles, was es gibt, auch sichtbar ist (und hast in Physik nicht aufgepasst …).

• Wenn du glaubst, dass es Gott nicht gibt, dann glaubst du, dass diese Welt mitsamt deiner selbst nur ein riesiger Zufall ist.

• Wenn du über Glaubensfragen nicht nachdenkst, dann glaubst du, dass sich das nicht lohnt, oder dass Glück, Geld, Familie, Karriere usw. wichtiger sind als Gott.

Du siehst wieder: Du kannst nicht nichts glauben!
Mit der Art, wie du lebst und wo du deine Schwerpunkte setzt, gibst du – ob du willst oder nicht! – deine ganz persönliche Antwort auf die Frage nach dem, worauf du zuletzt und zutiefst vertraust.

Woher kommst du? Wohin gehst du? Wozu lebst du eigentlich? Warum gibt es dich und diese Welt? Was ist der Sinn von dem allem? Worauf kannst du in deinem Leben wirklich vertrauen?

Christen glauben, die Antworten auf diese Fragen gefunden zu haben. In sogenannten „Glaubensbekenntnissen" haben sie ihre Entdeckungen festgehalten. – Also: Check it out!

B. Das Apostolische Glaubensbekenntnis

Das bekannteste Glaubensbekenntnis der Christen ist das sogenannte „Apostolische Glaubensbekenntnis". Seine Vorformen entstanden bereits im 2./3. Jh. n.Chr.

a) Löse das Rätsel! – b) Schreibe den Text des Bekenntnisses in die freien Zeilen! – c) Überlege: Wie würdest du dieses Bekenntis auf Kirchenfenstern gestalten?

Ich glaube an Gott, den Vater _____

Und an Jesus Christus _____

_____

_____

_____

_____

Ich glaube an den Heiligen Geist _____

_____

_____

_____

C. Dreieinigkeit – Gott ist „3-D"!

a) Schlage in deiner Bibel die im Text jeweils genannten Verse nach! – b) Notiere sie in die entsprechenden Leerzeilen!

Wer und wie Gott ist, erkennen Christen zuerst und vor allem aus der Bibel. In ihr ist das Wichtigste von dem aufgeschrieben, was uns Gott über sich zu erkennen gegeben hat (vergleiche Seite 18).
In der Bibel nun zeigt sich Gott ganz deutlich als ein einziger Gott, neben dem es keinen anderen gibt. Nimm zum Beispiel Jesaja 45,5a:

_____

_____

_____

Zugleich aber gab und gibt sich Gott auf dreierlei Art und Weise zu erkennen („3-D" sozusagen …):

1. Als Vater und Schöpfer, zum Beispiel in 5. Mose 32,6b: „Ist er es nicht …

_____

_____

_____ ."

2. Als Sohn und Erlöser Jesus Christus, zum Beispiel im 1. Johannesbrief 4,10b: „Er [= Gott] hat seinen …

_____

_____

_____ ."

3. Als Heiliger Geist und Heiligmacher, zum Beispiel im 2. Thessalonicherbrief 2,13b: „… Von allem Anfang an hat Gott euch dazu erwählt, dass ihr gerettet werdet. Und das werdet ihr, weil …

_____

_____

_____ ."

Gott ist der Bibel zufolge also einer, und doch drei! Dazu passt, wie Gottes Wesen im 1. Johannesbrief 4,16b in einem Wort beschrieben wird:

„Gott ist _____ ."

Die Liebe braucht nämlich ein Gegenüber, das sie lieben kann. Dieses Gegenüber hat und ist Gott anscheinend in sich selbst.

Der eine Gott aufgefächert in drei Personen – das begegnet auch bei jeder Taufe. Die geschieht nämlich nach dem Matthäusevangelium 28,19b „im Namen …

_____

_____ ."

Auf der Grundlage solcher Bibelstellen entstand in der Alten Kirche nach und nach die sogenannte „Dreieinigkeits-" oder (lateinisch) „Trinitätslehre".
Gott ist ihr zufolge ein Gott in den drei Personen Vater, Sohn und Heiliger Geist.

Die Dreieinigkeitslehre ist eine mehr oder weniger hilfreiche gedankliche „Krücke", um in Worte zu fassen, was letztlich mit Worten gar nicht fassbar ist: das Wesen Gottes nämlich!

Vielleicht hilft dir ein Vergleich aus der Natur, um etwas besser zu verstehen, was mit „Dreieinigkeit" gemeint ist:
So wie der einzelne Klee-Stengel ein Kraut mit drei Blättern ist, so ist auch der eine Gott zugleich Vater, Sohn und Heiliger Geist.

Klar ist jedenfalls: Gott ist größer und wunderbarer, als wir uns das vorstellen können. Und er kommt uns in seiner Liebe und Heiligkeit auf gleich dreifache Art und Weise nahe.
Die Dreieinigkeitslehre soll uns keinen Knoten ins Hirn machen, sondern zum Staunen über Gott bringen! ❖

D. Gott über uns – der Vater

Keiner kann beweisen, dass es Gott gibt – und keiner kann beweisen, dass es ihn nicht gibt!

Aber: Gott gibt sich uns zu erkennen! Nicht wir beweisen Gott, sondern er erweist sich uns. Das tut er vor allem in Jesus und in der Bibel, aber natürlich auch durch seine Schöpfung, in der wir leben!
Auch wenn Gott selbst unsichtbar ist, so sind doch seine Spuren in der Schöpfung und auch in deinem Leben sichtbar!

Dazu eine kurze Geschichte:

„Der alte Mann aus Afrika hieß Daniel. Er glaubte an Gott.
Jemand wollte sich über ihn lustig machen und fragte spöttisch: ‚Woher weißt du denn, Daniel, dass es einen Gott gibt?'
Daniel antwortete: ‚Woher weiß ich, ob ein Mensch oder ein Hund oder ein Esel nachts um meine Hütte gegangen ist? An den Spuren im Sand sehe ich es!
Auch in meinem Leben sind Spuren eingedrückt – Spuren Gottes!'"

 *Denke nach, welche Spuren Gottes es in deinem eigenen Leben gibt und schreibe dazu einige Stichworte in die folgenden Zeilen!*

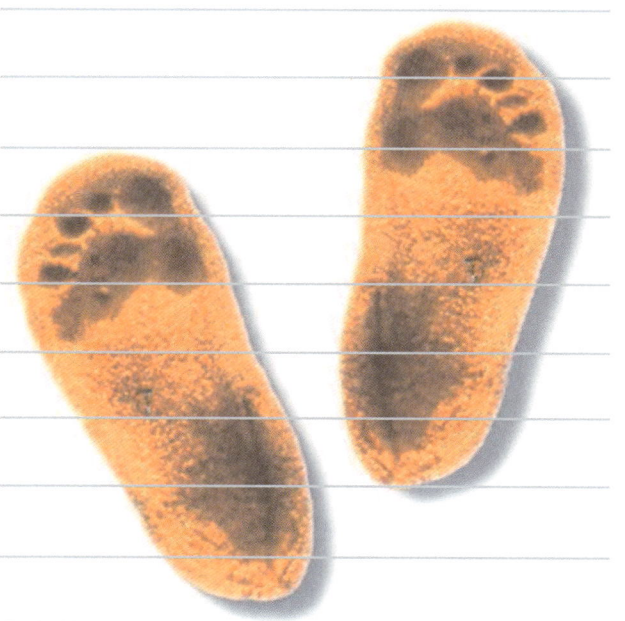

Spuren Gottes gibt es viele in der Schöpfung:

Spur Nr. 1: Die Existenz der Welt
 Wissenschaftler vermuten, dass das Universum vor etwa 20 Milliarden Jahren in einem „Urknall" entstanden ist. Aber: Was war zuvor? Wer hat den Anfang gemacht? – Christen glauben: Gott, der Schöpfer!

Spur Nr. 2: Die Ordnung der Welt
Vom kleinsten Atom bis zur größten Milchstraße, vom Einzeller bis zum Menschen: Atemberaubende Naturwunder wohin man sieht! Alles Zufall? – Christen glauben: Gottes Einfall!

Spur Nr. 3: Das Personsein des Menschen
Jeder von uns ist sich seines Daseins bewusst. Wir sind nicht tote Materie oder seelenlose Maschinen, sondern lebendige Personen. Wer hat uns als sein Gegenüber gemacht? – Christen glauben: Der persönliche Gott!

Spur Nr. 4: Die Vernunft des Menschen
Jeder von uns ist vielfältig begabt. Wir Menschen haben es geschafft, Werkzeuge zu gebrauchen und zum Mond zu fliegen. Wer hat uns den Verstand dazu gegeben? – Christen glauben: Der allmächtige Gott!

Spur Nr. 5: Die Religiosität des Menschen
Zu allen Zeiten gab es Religion. Schon die Neandertaler glaubten an ein Leben nach dem Tod. Warum sehn(t)en sich Menschen immer schon nach dem Kontakt mit Gott? – Christen glauben: Weil Gott sich nach uns sehnt!

Spur Nr. 6: Die Werte des Menschen
Menschen glauben, dass es Gutes und Böses gibt, Richtiges und Falsches, Wertvolles und Wertloses. Woher kommt es, dass Menschen solche Wertvorstellungen haben? – Christen glauben: Weil wir Gott wertvoll sind!

Spur Nr. 7: Das Gewissen des Menschen
Warum schlägt unser Gewissen an, wenn wir etwas tun, das unseren Wertvorstellungen widerspricht? Wer hat diese „Alarmanlage" in unserem Lebenshaus installiert? – Christen glauben: Gott, der das Beste für uns will. ❖

E. Gott bei uns – der Sohn Jesus Christus

Hier unten siehst du einen kurzen Abriss der vier Berichte der Bibel über Jesus in Bildern.
a) Schneide alle Textblöcke aus dem

Ausschneidebogen aus, lies sie gut durch und klebe sie neben das passende Bild! –
b) Befolge die Anweisung des Lösungssatzes (graue Buchstaben) und schreibe!

(Schreibe hier!)

Die Skizzen unten helfen dir zu verstehen, welche große Bedeutung Jesus Christus für jeden hat.
a) Schneide alle Elemente von Teil A des Ausschneidebogens aus und versuche, in Skizze A eine Brücke zu bauen! Klebe die Szene ein! – b) Schneide alle Elemente von Teil B des Ausschneidebogens aus und versuche, in Skizze B eine Brücke zu bauen! Klebe die Szene ein! – c) Notiere die genannten Bibeltexte in die jeweiligen Leerzeilen!

Skizze A

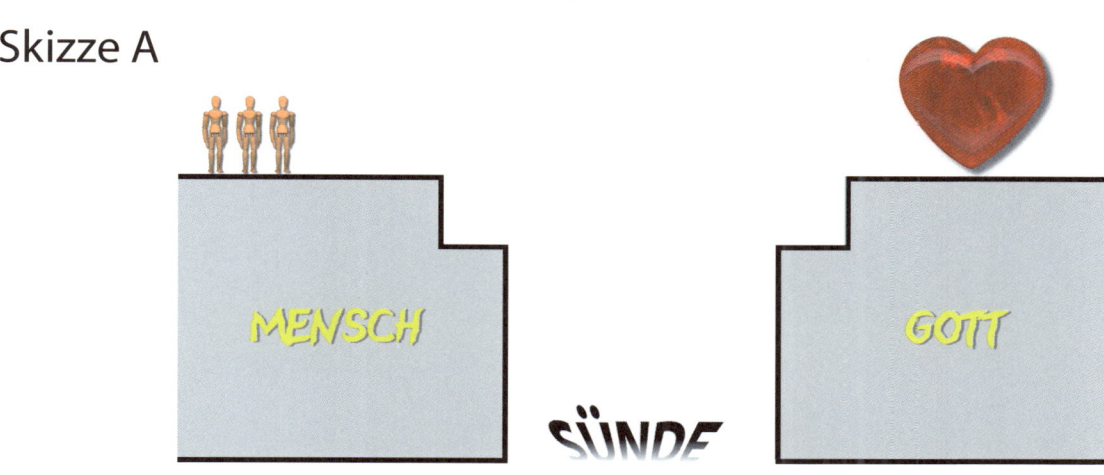

Paulus schreibt im Römerbrief 3,23: _____

_____

_____

Skizze B

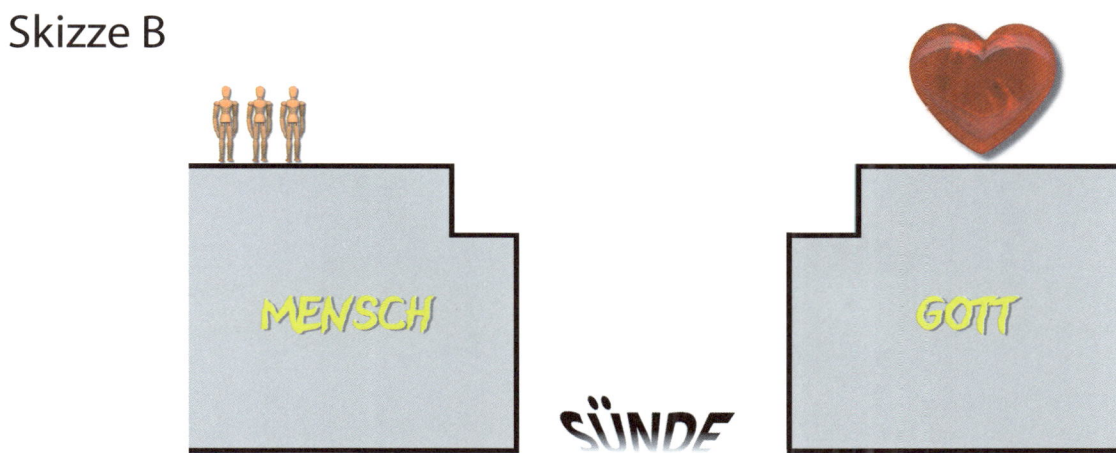

Paulus schreibt im Römerbrief 3,24+25: _____

_____

_____

_____

_____

F. Gott in uns – der Heilige Geist

 *Hier findest du wichtige In-formationen über den Heili-gen Geist, was er tut und wie er wirkt. – a) Schneide alle Teile aus dem Ausschneidebogen aus! –*

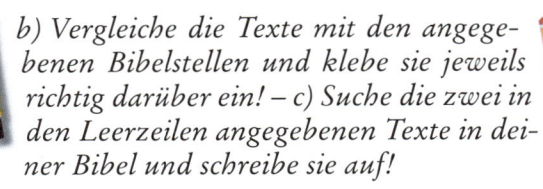 *b) Vergleiche die Texte mit den angege-benen Bibelstellen und klebe sie jeweils richtig darüber ein! – c) Suche die zwei in den Leerzeilen angegebenen Texte in dei-ner Bibel und schreibe sie auf!*

1. Korintherbrief 12,13

Römerbrief 8,26+27

Johannesevang. 14,16+17

Galaterbrief 5,22+23a

2. Korintherbrief 1,21+22

2. Timotheusbrief 1,7–8

2. Korintherbrief 3,17–18

Epheserbrief 5,18b: „Lasst euch _____

_____

1. Thessalonicherbrief 5,19: _____

_____

_____

1. Korintherbrief 12,1–11

G. Was Christen glauben – nochmal im Überblick

Hier findest du einen neueren Versuch, zu beschreiben, was Christen glauben.
Lies den Text gut durch und schreibe in die grauen Spalten daneben folgende Zeichen:

„+“: Jawohl – das sehe ich ganz genauso!
„o“: Ich weiß nicht recht – könnte schon sein!
„–“: Nein – da bin ich ganz anderer Meinung!
„?“: Wie bitte? – das kapiere ich gar nicht!

„Alles Leben kommt von Gott und kehrt zu Gott zurück; unser Leben bleibt ohne Frieden und Sinn, bis wir Gott kennen gelernt haben und aus ihm heraus leben.

Der Mensch weiß nichts von Gott. Er ist ein endliches Wesen und fasst die Unendlichkeit Gottes nicht. Darum hat Gott immer wieder in der Geschichte gesprochen, bis er sich in Jesus Christus schließlich in nicht mehr überholbarer Weise offenbart hat. Am Schicksal Jesu aber wird deutlich, dass der Mensch nie ein wirkliches Interesse daran hatte, dass Gott wirklich sein Gott ist. Der Mensch ist Sünder, das heißt: Er lebt sein Leben lieber ohne Gott. Dieses Sündersein äußert sich in aktiver Auflehnung oder in passiver Gleichgültigkeit Gott gegenüber, aber auch in Form einer Religion, die Gott lediglich für die eigenen Zwecke benutzt. Als Folge seiner Loslösung von Gott gerät der Mensch in Unfrieden mit sich selbst, mit seinem Mitmenschen und mit der Natur.

Durch sein Leben, seine Lehre und vor allem durch seinen Tod und seine Auf-

erstehung baut Jesus uns eine ‚Brücke‘ zu Gott. Wir sind gerufen, dieses letzte, unüberholbare Angebot Gottes anzunehmen und ein neues Leben zu beginnen, das geprägt ist von Vertrauen und Liebe. Ein Mensch, für den Jesus in zunehmendem Maße konkurrenzlos wichtig wird, der ist Christ.

Jesus schließt die, die an ihn glauben, zu einer Gemeinschaft von Schwestern und Brüdern zusammen. Gott beauftragt seine Gemeinde, die Botschaft von seiner Liebe überall hör- und spürbar zu machen. Er begabt sie dazu mit seinem Heiligen Geist. Im Hören auf das Wort der Heiligen Schrift und im antwortenden Gebet erfahren der einzelne wie die Gemeinde Wegweisung und Kurskorrektur.

Das Leben endet nicht mit dem Tod. Unser Leben trägt Schönheit und Sinn, und doch bereitet es das Eigentliche erst vor. Wir warten auf einen neuen Himmel und eine neue Erde, auf das Reich Gottes, in dem Gott das zur Vollendung bringt, was wir hier nur anbruchhaft beziehungsweise gebrochen erfahren und bewerkstelligen." (K. Douglass)

H. Mit deinen Worten – dein eigenes Bekenntnis

 Hier findest du drei Glaubensbekenntnisse, die Jugendliche und Erwachsene selbst geschrieben haben.

 *Lies dir die Texte gut durch, lass dich von ihnen inspirieren und formuliere in den freien Zeilen dein eigenes Glaubensbekenntnis!*

„Ich glaube an den lebendigen Gott, den Vater aller Menschen, der das All in Macht und Liebe geschaffen hat und erhält.

Ich glaube an Jesus Christus, menschgewordener Gott auf Erden, der uns gezeigt hat durch Worte und Taten, Leiden mit anderen, Überwindung des Todes, was menschliches Leben sein soll und wie Gott ist.

Ich glaube, dass der Geist Gottes bei uns gegenwärtig ist, jetzt und immerdar, und erfahren werden kann in Gebet und Vergebung, in Wort und Sakrament, in der Gemeinschaft der Kirche und in allem, was wir tun."

(Aus: Vancouver/ÖKR)

Ich glaube, dass Gott die größte Macht hat und dass ich mich auf ihn verlassen kann.

Jesus hat mir gesagt, was Leben ist: Andern helfen und gegen Ungerechtigkeit und Lüge kämpfen. Er ist dafür ermordet worden. Ich möchte von ihm lernen, so mutig zu sein.

Aber dazu brauche ich seinen Geist, deshalb bitte ich ihn oft darum. Er hilft mir, wenn ich alles falsch mache, dass ich den Mut finde, neu anzufangen. Er ist auch zwischen mir und meinen Freunden, wenn wir vom Glauben reden oder von anderen Dingen.

Und dann glaube ich, dass Jesus nicht tot ist, sondern lebendig bei uns.

(Aus der ehemaligen DDR)

„Ich glaube an einen Gott da droben,
doch kann ich ihn nicht immer loben,
denn es ist so viel Leid auf dieser Welt,
und das hat keiner von uns bestellt.
Ich wünsche mir, dass das anders wär',
doch fällt das sicher ganz schön schwer.

Jesus war sein Sohn,
doch bekam er dafür keinen Lohn,
man wollte ihn nicht mehr haben,
so haben sie ihn ans Kreuz geschlagen.
Auferstanden war er dann,
das kam bei vielen Menschen an.

Die Kirche kann auch ganz gut sein,
weil da ist man nicht allein,
wenn Menschen da zusammen halten.,
dann könnten sie sich auch entfalten."

(Markus, Jan, Alexander, Tim)

„Ich glaube _____

_____

_____

_____

_____

_____

_____

_____

_____

_____

_____

_____

_____

_____

_____

_____

_____

_____

_____

_____

_____

_____

5. Gebote

Das tust du für Gott

5. Gebote

Das tust du für Gott

A. Leben ohne Regeln – Traum oder Albtraum?

B. An alle Konfis – Notruf aus dem Weltraum!

Notruf an alle Konfis auf dem Planeten Erde! Auf dem Robotermond Alpha 1 wurde versehentlich die Gewissensdatei aller Roboter zerstört: Das Gewissensprogramm funktioniert zwar noch, aber es hat jetzt kein Verzeichnis von Verhaltensregeln mehr, auf die es zugreifen kann! Kein Roboter weiß mehr, was richtig und falsch ist! Es geht drunter und drüber! Unser Konstrukteursteam ist in großer Sorge und Gefahr! Bitte helft uns und schreibt die Gewissensdatei der Roboter neu!

„Danke!" sagt Teamchef Albert Zweistein

GEWISSENSDATEI TEIL A: VERHALTEN GEGENÜBER DEN KONSTRUKTEUREN

c:/> Roboter, du sollst _____ c:/> Roboter, du sollst nicht _____

c:/> Roboter, du sollst _____ c:/> Roboter, du sollst nicht _____

c:/> Roboter, du sollst _____ c:/> Roboter, du sollst nicht _____

c:/> Roboter, du sollst _____ c:/> Roboter, du sollst nicht _____

GEWISSENSDATEI TEIL B: VERHALTEN GEGENÜBER ANDEREN ROBOTERN

c:/> Roboter, du sollst _____ c:/> Roboter, du sollst nicht _____

c:/> Roboter, du sollst _____ c:/> Roboter, du sollst nicht _____

c:/> Roboter, du sollst _____ c:/> Roboter, du sollst nicht _____

c:/> Roboter, du sollst _____ c:/> Roboter, du sollst nicht _____

Fallen dir Bereiche unseres Lebens auf der Erde ein, in denen ohne Verhaltensregeln, Spielregeln, Gebote oder Gesetze alles „drunter und drüber" geht oder gehen würde? – Schreibe! ▼

Was ist wohl der Hauptunterschied zwischen den Robotern einerseits und uns Menschen andererseits hinsichtlich „Gewissensprogramm" und „Gewissensdatei"? – Schreibe! ▼

_____

_____

_____

_____

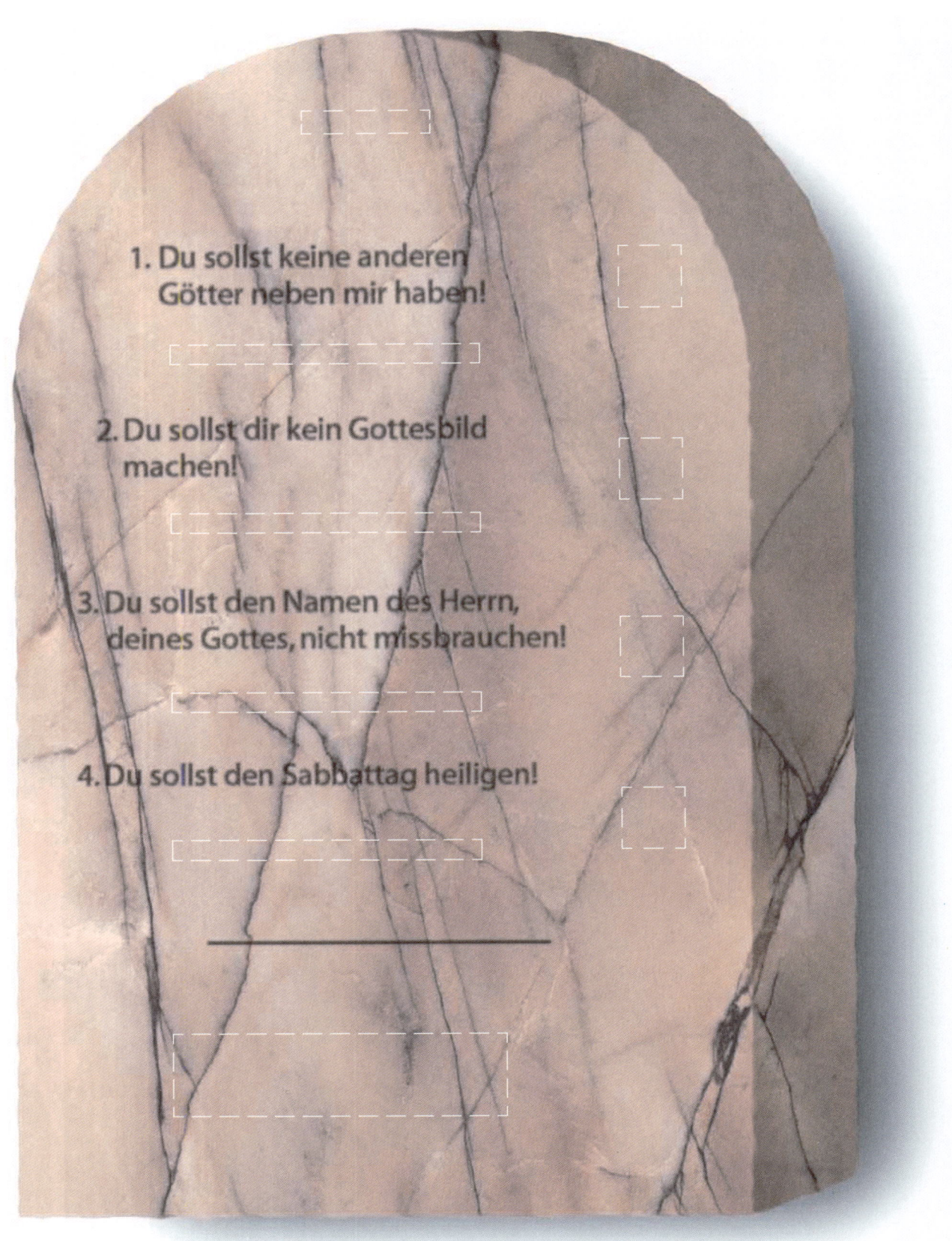

1. Du sollst keine anderen Götter neben mir haben!

2. Du sollst dir kein Gottesbild machen!

3. Du sollst den Namen des Herrn, deines Gottes, nicht missbrauchen!

4. Du sollst den Sabbattag heiligen!

 *Nachdem er sie aus der Sklaverei in Ägypten befreit hatte, gab Gott den Israeliten die Zehn Gebote (2. Mose 20; 5. Mose 5). – a) Schneide alle Textblöcke aus dem Ausschneidebogen aus, lies sie genau durch und klebe sie unter den passenden Geboten ein! – b) Klebe später die Fotos rechts neben die zugehörigen Gebote!*

5. Du sollst deinen Vater und deine Mutter ehren!

6. Du sollst nicht töten!

7. Du sollst nicht die Ehe brechen!

8. Du sollst nicht stehlen!

9. Du sollst nichts Unwahres über deinen Mitmenschen sagen!

10. Du sollst nicht begehren, was deinem Mitmenschen gehört!

D. Die Zehn Gebote – ganz einfach zu merken!

1	Eis	Du sollst keine anderen Götter neben mir haben!	
2	Blei	Du sollst dir kein Gottesbild machen!	
3	Brei	Du sollst den Namen des Herrn, deines Gottes, nicht missbrauchen!	
4	Bier	Du sollst den Sabbattag heiligen!	
5	Strümpf'	Du sollst deinen Vater und deine Mutter ehren!	
6	Hex'	Du sollst nicht töten!	
7	Sieb	Du sollst nicht die Ehe brechen!	
8	Nacht	Du sollst nicht stehlen!	
9	Scheun'	Du sollst nichts Unwahres über deinen Mitmenschen sagen!	
10	Zähn	Du sollst nicht begehren, was deinem Mitmenschen gehört!	

E. Das 7-Tage-Experiment – „What would Jesus do?"

7 Tage lang tun, was Jesus tun würde – eine abgedrehte Idee! Wie würde dein Leben wohl aussehen, wenn du dir 7 Tage lang diese Frage stellen würdest: „Was würde Jesus tun?"

Was würde er tun, wenn er an deiner Stelle wäre? Wie würde er sich benehmen, wenn er auf deinem Platz in der Schule sitzen würde? Wofür würde er sein Taschengeld ausgeben? Hätte er eine Freundin bzw. einen Freund? Und was würde er tun, wenn er, wie du vielleicht, in einem kaputten Elternhaus leben müsste? – „Was würde Jesus tun?"

Teens auf der ganzen Welt haben sich in den letzten Jahren auf diese Frage eingelassen. Und sie haben erlebt, wie diese Frage das Leben auf den Kopf stellen kann. Sie fordert uns heraus, unser bisheriges Leben und unsere bequemen Vorstellungen vom Christsein radikal in Frage zu stellen.

„Was würde Jesus tun?" – Diese Frage ist nicht immer so leicht zu beantworten. Aber die Stories der Bibel über Jesus geben dem, der sie liest, wichtige Hinweise. Sie zeigen: Jesus ist ganz anders, als ihn sich viele vorstellen: Nicht so bierernst. Nicht so lieb und brav. Keineswegs uninteressant oder gar lebensfremd …!

„Frage dich immer: Was würde Jesus an meiner Stelle tun?"

Also: Lass' dich ein auf dieses Experiment! Du sollst dabei weder auf einen Schlag dein Leben verändern noch bloß theoretisch rumsülzen, was denn irgendwie „christlich" wäre. Stell' dir stattdessen diese eine Frage: „Was würde Jesus tun?" – immer dann, wenn es dran ist: wenn du vor einer Entscheidung stehst, wenn deine Meinung gefragt ist. Und versuche dann, die Antwort zu leben. Ganz konkret. Schritt für Schritt.

Die folgenden 7 Textspalten sollen dir in den nächsten 7 Tage ein paar Anregungen geben. Lies dir die (Bibel-)Texte dort jeweils morgens durch und notiere dir abends kurz deine Erfahrungen.

Ach ja: Als Hilfe für's träge Gedächtnis bekommt jede(r) für die nächsten 7 Tage ein Band mit den Buchstaben „WWJD" an's Handgelenk!

Also: Los geht's! mit „Was würde Jesus tun?" ❖

WWJD – TAG 1

Meine Eltern sind schwer erziehbar!
So ziemlich jeden Tag habe ich Streit mit meinen Eltern. Wenn es nicht mein Zimmer ist, sind es die Hausaufgaben, meine Musik, meine Klamotten, meine Freunde oder was ich sonst tue. Natürlich gibt es auch gute Momente, aber nicht sehr viele. Wenn so ein Streit anfängt, versuche ich immer, mich zu bremsen, aber das haut einfach nicht hin. Dann sage ich Sachen, die mir hinterher Leid tun. Müssen sie auch ständig an mir rummeckern? Klar, dass ich nicht so viel mit ihnen rede. Aber ich weiß auch nicht, wie man das ändern könnte.

Was würde Jesus tun – What would Jesus do?
Lies in deiner Bibel: Lukasevangelium 2,41–52! – Hat Jesus immer das getan, was seine Eltern für richtig hielten? Oder nie?

Tipp des Tages
Schenke deiner Mutter heute mal Blumen – einfach so!

Hast du heute oft an Jesus gedacht? Wenn ja, wann?

_____

_____

Ist dir heute etwas an dir aufgefallen?

_____

_____

Was willst du Jesus zum heutigen Tag sagen?

_____

_____

Was würde Jesus nach dem heutigen Tag zu dir sagen wollen?

_____

_____

Das große Geld machen

Ich will ganz nach oben. Meine Eltern waren immer ziemlich arm – aber das ist nichts für mich. Mein Ziel ist, möglichst viel Kohle zu machen. Dafür schinde ich mich sogar durch die Schule, arbeite und lerne und übernehme am Wochenende gleich zwei Jobs.

Ich will studieren, am besten Jura und dann, dann gehöre ich zu den Spitzenverdienern. Klar, ich vergesse nicht, woher ich komme. Und ich werde auch mal was spenden. Doch eins steht fest: Arm will ich nie wieder sein.

Was würde Jesus tun – What would Jesus do?

Lies in deiner Bibel: Lukasevangelium 12,13–21! – Was ist Jesus zufolge am allerwichtigsten im Leben? Welchen Fehler sollte man nicht machen?

Tipp des Tages

Spende einen Teil deines Taschengelds an ein soziales oder kirchliches Projekt!

Hast du heute oft an Jesus gedacht? Wenn ja, wann?

_____

_____

_____

Ist dir heute etwas an dir aufgefallen?

_____

_____

Was willst du Jesus zum heutigen Tag sagen?

_____

_____

Was würde Jesus nach dem heutigen Tag zu dir sagen wollen?

_____

_____

Total anders

Meine Freunde und ich sind ein bisschen verrückt. Wir sind einfach oft gut drauf und haben totalen Spaß. Die anderen denken, wir sind übergeschnappt, aber das macht nichts. Es ist uns egal, wenn andere uns für verrückt halten.

Aber leider ist das nicht alles – oft sind sie wütend auf uns, sogar in der Gemeinde und im Jugendtreff. Unser Leiter sagt immer, wir sollten endlich erwachsen und ernsthafter werden. Für mich sind aber die meisten Menschen viel zu ernst. Es lacht kaum noch jemand – ich verstehe das nicht.

Was würde Jesus tun – What would Jesus do?

Lies in deiner Bibel: Matthäusevangelium 11,19 und Markusevangelium 3,20+21! – Was haben die Leute über Jesus gedacht? Was tat er?

Tipp des Tages

Schlage deiner Familie vor, heute abend eine Runde miteinander zu spielen und Spaß zu haben!

Hast du heute oft an Jesus gedacht? Wenn ja, wann?

_____

_____

_____

Ist dir heute etwas an dir aufgefallen?

_____

_____

Was willst du Jesus zum heutigen Tag sagen?

_____

_____

Was würde Jesus nach dem heutigen Tag zu dir sagen wollen?

_____

_____

WWWJD – TAG 4

Ich bin ein Niemand

Ich will mal ganz ehrlich sein: Ich bin ein Niemand. Ein Nichts. Ich interessiere mich nicht für Sport oder so was. Ich sehe durchschnittlich aus – bestenfalls. Manchmal, hinter meinem Rücken, machen sich ein paar sogar über mich lustig. Ich habe kein besonderes Talent, das mich heraushebt.
Ich komme bei keinem in meiner Klasse besonders an und habe keinen echten Freund. Ich glaube nicht, jemandem wirklich etwas zu bedeuten. Wenn ich morgen sterben würde, wem würde das etwas ausmachen, außer meinen Eltern?

Was würde Jesus tun – What would Jesus do?

Lies in deiner Bibel: Lukasevangelium 13,10–17! – Jesus schenkt dieser Außenseiterin seine ganze Aufmerksamkeit. Was bewirkt das bei ihr?

Tipp des Tages
Überlege dir, wie du einem Außenseiter in deiner Klasse heute zeigen kannst, dass er wertvoll ist!

Hast du heute oft an Jesus gedacht? Wenn ja, wann?

Ist dir heute etwas an dir aufgefallen?

Was willst du Jesus zum heutigen Tag sagen?

Was würde Jesus nach dem heutigen Tag zu dir sagen wollen?

WWJD – TAG 5

Da werden Sie geholfen …?!

Soziale Aufgaben zu erfüllen macht mir eigentlich Spaß. Das ist echt stark. Ich arbeite zum Beispiel ehrenamtlich bei der Feuerwehr mit und manchmal auch beim Roten Kreuz. Auch beim Geldsammeln für die Diakonie war ich schon dabei. So etwas tu ich gern.
Aber wenn es darum geht, zu Hause, in meiner Nachbarschaft oder in der Schule etwas für andere zu tun, weiß ich oft nicht wie. Ich kann ja schließlich nicht einfach in der Schule auf jemanden zugehen und ihm Hilfe anbieten, oder?

Was würde Jesus tun – What would Jesus do?

Lies in deiner Bibel: Lukasevangelium 10,25–37! – Wer ist Jesus zufolge dein „Nächster"? Wo ist jemand, der dich heute besonders braucht?

Tipp des Tages
Schenke jedem in deiner Familie einen Gutschein über etwas, das du für ihn im Haushalt oder so tun möchtest!

Hast du heute oft an Jesus gedacht? Wenn ja, wann?

Ist dir heute etwas an dir aufgefallen?

Was willst du Jesus zum heutigen Tag sagen?

Was würde Jesus nach dem heutigen Tag zu dir sagen wollen?

Wenn alles finster aussieht …

Die Woche hat schon schlecht angefangen und ist inzwischen eine einzige Katastrophe. Am Montag hat Papa seinen Job verloren. Mutter kann sich seit Wochen kaum bewegen, weil sie starke Rückenschmerzen hat. Mit meinem Bruder stimmt auch irgendetwas nicht, aber die Ärzte können nicht sagen, was. Ich habe versucht, daheim so gut es geht mitzuhelfen, aber jetzt sind meine Noten im Keller. Wo zum Kuckuck steckt bloß Jesus? Ich habe wie verrückt gebetet, dass Papa seine Arbeit nicht verliert. Hat ja unheimlich viel geholfen!

Was würde Jesus tun – What would Jesus do?

Lies in deiner Bibel: Matthäusevangelium 26,36–46! – Wurde das Gebet von Jesus erhört? Was war für ihn vor allem wichtig (Vers 42)?

Tipp des Tages

Versuche spontan eine Antwort auf die Frage zu geben, warum Gott manchmal Leid zulässt!

Hast du heute oft an Jesus gedacht? Wenn ja, wann?

_____

_____

Ist dir heute etwas an dir aufgefallen?

_____

_____

Was willst du Jesus zum heutigen Tag sagen?

_____

_____

Was würde Jesus nach dem heutigen Tag zu dir sagen wollen?

_____

_____

Das Ekel

Jeden Tag, wenn ich Nadine sehe, kriege ich die Krise. Sie geht mir voll auf die Nerven! Okay, sie hat eine Menge Freunde – solche, die man mit Geld kaufen kann. Schließlich haben ihre Eltern einen Reitstall, und ihre Freundinnen dürfen am Wochenende dort reiten. Klar, dass die das klasse finden. Aber muss sie mit ihrer Kohle, ihren teuren Klamotten und ihrem Dad angeben, der eine große Nummer als Geschäftsmann ist? Am liebsten würde ich sie auf den Mond schießen. Sie ist ein richtiges Ekel.

Was würde Jesus tun – What would Jesus do?

Lies in deiner Bibel: Lukasevangelium 19,1–10! – Wie hat Jesus das mit dem „Oberekel" Zachäus bloß hingekriegt? Was kannst du dir abgucken?

Tipp des Tages

Beschreibe in ein paar Sätzen, was du in den letzten 7 Tagen erlebt hast und wie es dir mit „WWJD" ergangen ist!

Hast du heute oft an Jesus gedacht? Wenn ja, wann?

_____

_____

Ist dir heute etwas an dir aufgefallen?

_____

_____

Was willst du Jesus zum heutigen Tag sagen?

_____

_____

Was würde Jesus nach dem heutigen Tag zu dir sagen wollen?

_____

_____

6. Gemeinde

In Gottes Familie

6. Gemeinde

In Gottes Familie

A. Wozu Gemeinde da ist – die fünffache Aufgabe

Christen sind keine Einzelkämpfer, sondern sie leben in einer Kirchengemeinde zusammen.

Wie Jesus sich Gemeinde vorstellt, das machen zwei wichtige Anweisungen klar, die er seinen Jüngerinnen und Jüngern gegeben hat:
Der Missionsbefehl (Matthäusevangelium 28,19+20) und das Doppelgebot der Liebe (Matthäusevangelium 22,37–39).

Aus diesen Worten von Jesus lassen sich fünf Aufgaben einer Gemeinde ableiten:

1. Zum Glauben einladen

(„Darum geht nun zu allen Völkern der Welt und macht die Menschen zu meinen Jüngern und Jüngerinnen!")

Wer Freundschaft mit Gott geschlossen hat, der kann anderen davon erzählen, was das für ihn bedeutet. Ein Ziel jeder Gemeindearbeit ist es daher, Menschen zum Glauben einzuladen und zu einem Leben mit Gott zu ermutigen.

2. Miteinander leben

(„Tauft sie im Namen des Vaters und des Sohnes und des Heiligen Geistes …")

Bei der Taufe geht es um die Eingliederung eines Menschen in die Gemeinde. In ihr sollen Christen in der Gemeinschaft miteinander und mit Jesus leben. Dabei stärkt sie auch das gemeinsam gefeierte Abendmahl.

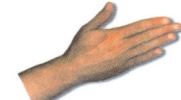

3. Im Glauben wachsen

(„ …und lehrt sie, alles zu befolgen, was ich euch aufgetragen habe.")

Die Christen sollen in der Gemeinde ermutigt und befähigt werden, in ihrem Christsein Fortschritte zu machen, das heißt, Jesus nachzufolgen

und Frucht für ihn zu bringen. Die Gemeinde muss also Möglichkeiten bereitstellen, damit Christen im Glauben wachsen können.

4. Gott lieben

(„Liebe den Herrn, deinen Gott, von ganzem Herzen, mit ganzem Willen und mit deinem ganzen Verstand.")

Gott von ganzem Herzen lieben geschieht vor allem durch Anbetung und Lobpreis. Darunter ist eine Lebenshaltung zu verstehen, die den ganzen Menschen umfasst und die das Feiern ebenso einbezieht wie das Reden und Tun.

5. Anderen dienen

(„Liebe deinen Mitmenschen wie dich selbst.")

Nachfolgerinnen und Nachfolger von Jesus wollen ihren Mitmenschen dienen, so wie Jesus ihnen gedient hat. Nächstenliebe ist nicht nur ein Gefühl, sondern konkrete Tat. Gemeinde soll für andere da sein und nicht zuerst für sich selbst.

Mit einem Satz kann man die fünf Aufgaben einer Kirchengemeinde so zusammenfassen:

„Die Gemeinde soll dafür sorgen,

- dass Menschen Gott kennen- und lieben lernen,

- dass sie als Christen miteinander leben und im Glauben wachsen,

- dass sie für andere da sind."

Hier unten siehst du in Spalte 1 noch einmal die fünffache Aufgabe einer Kirchengemeinde.
a) Ordne den fünf Aufgabenbereichen mit einer jeweils andersfarbigen Linie den passenden Leitbegriff in Spalte 2 zu! – b) Lies die Beispiele für gemeindliche Veranstaltungen in Spalte 3! – c) Verbinde die Kästen in Spalte 3 jeweils mit der richtigen Farbe mit dem zugehörigen Kasten aus Spalte 2!

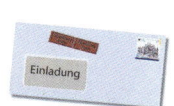

1. Zum Glauben einladen

GEMEINSCHAFT

Gästegottesdienst
Info-Stand in der Stadt
Glaubensgrundkurs
Konfi-Unterricht

2. Miteinander leben

EVANGELISATION

Familiengottesdienst
Jungschar
Jugendkreis
Seniorennachmittag

3. Im Glauben wachsen

JÜNGERSCHAFT

Hauskreis
Bibelgesprächskreis
Bibelseminar
Christliche Kongresse

4. Gott lieben

DIENST

Lobpreisgottesdienst
„Feierabend"
Taizé-Andacht
Gebetskreis

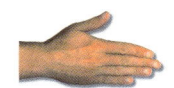

5. Anderen dienen

ANBETUNG

Kindergarten
Diakoniestation
Nachbarschaftshilfe
„Brot für die Welt"

B. Die Taufe – Wasser des Lebens

 *Hier unten siehst du vier „Wasser-szenen", die für das Verständnis der Taufe von Bedeutung sind. a) Schneide alle Textblöcke aus dem*

Ausschneidebogen aus, lies sie gut durch und klebe sie unter das passende Bild! – b) Schreibe den Lösungssatz (graue Buch-staben) in die leere Zeile!

Wasser …	Wasser …	Wasser …	Wasser …
Taufe bedeutet …	Taufe bedeutet …	Taufe bedeutet …	Taufe bedeutet …
Bibeltext	Bibeltext	Bibeltext	Bibeltext

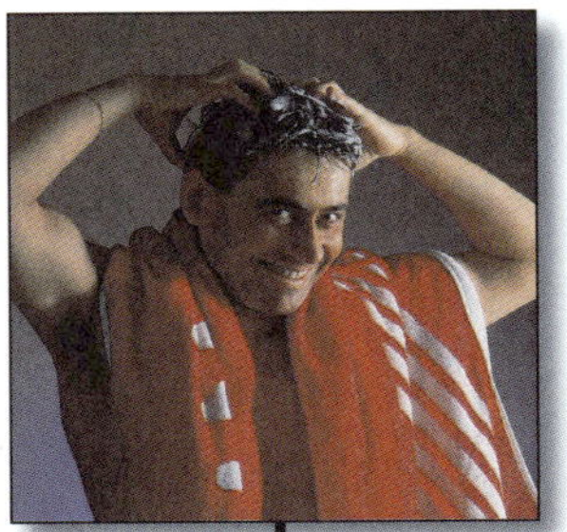

(Schreibe hier!) _____

Auf dieser Seite findest du einen Überblick über die verschiedenen Formen der Taufe, über die Konfirmation und über die Gemeinsamkeiten dieser beiden kirchlichen Handlungen. – Fülle die Lücken im Text gemäß den Texttafeln im Konfi-Raum aus!

SÄUGLINGSTAUFE

○ Taufe ist ein _____

○ Gott spricht sein Ja zu uns _____

_____

○ Der Getaufte wird _____

_____

○ Der Mensch spricht sein Ja zu Gott _____

_____

○ _____

MÜNDIGENTAUFE

○ Taufe ist ein _____

○ Gott spricht sein Ja zu uns _____

_____

○ Das Ja Gottes wird _____

_____

○ Der Mensch spricht sein Ja zu Gott _____

_____

○ _____

GEMEINSAMKEITEN

Gottes Ja zu uns geht unserem Ja zu ihm _____

_____ gehören zusammen

Taufe allein macht mich _____

Taufe muss immer wieder _____

_____

(SÄUGLINGS) TAUFE

○ _____ „Ja!"

○ Ich _____

○ Ich wurde _____

○ Eltern und Paten _____

○ _____ sagt _____

„Ich liebe dich!"

○ _____ schenkt mir _____

KONFIRMATION

○ _____ „Ja!"

○ Ich _____

○ Ich werde _____

○ Ich _____

○ _____ sage _____

„Ich liebe dich!"

○ _____ schenke Gott _____

C. Das Abendmahl – Imbiss auf dem Weg

 *Auf geht's zur Rätseltour rund um das Abendmahl!*
a) Lies in deiner Bibel Matthäus-evangelium 26,14–30! – b) Fülle alle leeren Kästchen richtig aus! – c) Lies die Info zum Abendmahl!

1. Das große jüdische Fest, bei dem Jesus mit seinen Jüngern das erste Abendmahl feierte, heißt …

☐ ☐ ☐ ☐ ☐ ☐ ☐ ☐ ☐ ☐

2. Bei diesem Fest wird an die Befreiung der Israeliten aus dem Land … gedacht.

☐ ☐ ☐ ☐ ☐ ☐ ☐ ☐ ☐ ☐

3. Zu Beginn der Hauptmahlzeit des Festes wird Brot zerteilt. Dazu sagte Jesus (anders als es üblich war): „Das ist mein …"

☐ ☐ ☐ ☐

4. Am Ende der Hauptmahlzeit des Festes wird Wein getrunken. Dabei sagte Jesus (anders als es üblich war): „Das ist mein …"

☐ ☐ ☐ ☐

5. Jesus sagte das, weil er voraussah, dass er in Jerusalem … werden würde.

☐ ☐ ☐ –
☐ ☐ ☐ ☐ ☐ ☐ ☐

6. Der Tod von Jesus setzte einen … in Kraft, den Gott mit den Menschen schließen wollte.

☐ ☐ ☐ ☐

7. Der Jünger, der Jesus an die führenden Priester verriet, die ihn beseitigen wollten, hatte den Namen …

☐ ☐ ☐ ☐ ☐
☐ ☐ ☐ ☐ ☐ ☐

8. Jesus sagte, dass sein Blut für alle Menschen vergossen wird zur Vergebung ihrer …

☐ ☐ ☐ ☐ ☐ ☐ ☐

9. Das Kreuz von Jesus ist damit die … zwischen Gott und uns Menschen geworden.

☐ ☐ ☐ ☐ ☐ ☐ ☐

- - - - - - - - - - - - - - - - - -

Wie das Brot, so wurde auch Jesu Leib hingegeben.

Wie der Wein, so wurde auch Jesu Blut hingegeben.

- - - - - - - - - - - - - - - - - -

INFO ZUM ABENDMAHL

Wegen des Abendmahls gab es viel Streit im Laufe der Kirchengeschichte. Es ging dabei um die Frage, ob und wie der Leib und das Blut Jesu in Brot und Wein wirklich gegenwärtig sind: Meinte das „ist" in den Einsetzungsworten Jesu wirklich „ist" oder meinte es einfach „bedeutet"?

Unter anderem wegen des unterschiedlichen Abendmahlsverständnisses ihrer Kirchen können bis heute katholische Christinnen und Christen nicht gemeinsam mit ihren evangelischen Geschwistern Abendmahl feiern – wenigstens nicht offiziell. Besonders schlimm ist das für Ehepaare, bei denen der eine Partner evangelisch ist und der andere katholisch.
Aus dem Mahl, zu dem Jesus Christus einlädt, ist ein Zankapfel geworden – schade!

Vielleicht hilft dir für dein persönliches Abendmahlsverständnis ja dieses Beispiel weiter: Stell' dir vor, ich zeige jemandem ein Bild von mir und sage dazu: »Das bin ich!« – Inwiefern kann der andere das bestreiten (»Das ist doch nur ein Foto!«) und inwiefern nicht? – Und: Was würde es bedeuten, wenn er mein Foto zerreißen würde …?   ❖

 *Hier unten siehst du fünf Bibelstellen zum Abendmahl (in den Kelchen), fünf seiner Bedeutungen (auf den Brotwürfeln) und fünf „Zeitblöcke",* *die dabei eine Rolle spielen. – Finde heraus, welche fünf Dreiergruppen jeweils aus Kelch, Brot und Textblock sich ergeben und umkreise sie mit verschiedenfarbigen Linien!*

Gegenwart

1. Korinther-
brief
11,26

1. Korinther-
brief
10,16+17

VERKÜNDIGUNG
der Rettung
durch Jesus

Gegenwart

Vergangenheit

Lukas-
evangelium
22,19

GEMEINSCHAFT
mit Jesus
und Christen

ERINNERUNG
an den Tod von
Jesus für uns

Gegenwart

ERWARTUNG
der Königsherrschaft
Gottes

Matthäus-
evangelium
26,28

Matthäus-
evangelium
26,29

Zukunft

VERGEBUNG
von
Schuld

D. „Swimmy" – oder: Allein geh'n Christen ein!

Du hast den ersten Teil der Geschichte von „Swimmy" gehört. – a) Denke nach, was Swimmy tun könnte, damit ihn der große Fisch nicht frisst! – b) Höre die Geschichte zu Ende und klebe die „Lösung" *ein! – c) Überlege, was Swimmy mit dir und dem Thema „Gemeinde" zu tun haben könnte! – d) Schreibe die angegebene Bibelstelle in die freien Zeilen!*

1. Korintherbrief 12,22+27: _____

_____

_____

_____

_____

_____

_____

_____

_____

Deine Kirchengemeinde bietet Veranstaltungen für Menschen jedes Alters an.
a) Schreibe einige der Angebote, die es in deiner Gemeinde gibt (siehe Gemeindezeitung), in die weißen Flächen! – b) Schraffiere alle An-gebote (auch) für Jugendliche gelb! – c) Umrahme solche Angebote rot, bei denen du dir vorstellen könntest, nach deiner Konfirmation mitzumachen! – d) Schreibe ganz unten Angebote, die du dir in deiner Gemeinde zusätzlich wünschst!

„Wo zwei oder drei in meinem Namen zusammenkommen, da bin ich selbst in ihrer Mitte."

Jesus Christus,
Matthäusevangelium 18,20

Das wünsche ich mir:

F. Die Kirche im Sarg – oder: Wer ist die Kirche?

Es war an einem Freitagmorgen vor Pfingsten. Die Kirchenglocken läuteten. „Wer ist denn gestorben?", so fragten die Leute. War jemand schwerkrank? Dr. Schäfer und Dr. Wolf werden von Neugierigen angerufen. Aber sie wissen von nichts. Gegen 12 Uhr kommt ein Leichenwagen, hält vor der Kirche, und mehrere Männer tragen einen schweren Sarg hinein. „Was soll denn das?", so setzt die Fragerei wieder ein. „Wir haben doch eine Leichenhalle auf dem Friedhof. Weiß denn der Küster Lau nichts?" Nein, der weiß auch nichts. Der Pastor hat die Kirche verschlossen. Wenn man ihn anruft, geht er nicht ans Telefon. Alles sonderbar! Ein Grab wird auch nicht ausgehoben. Der Freitag vergeht. Die Frage „Was ist eigentlich los?" wird in den Gasthäusern und Familien erörtert, jedoch ohne Ergebnis.

Am nächsten Morgen steht in der Lokalzeitung dick und fett gedruckt eine riesige Anzeige. Die Zeitung, die sonst oft unbeachtet herumliegt, wird förmlich verschlungen. Hier steht es nun schwarz auf weiß: „Liebe Gemeinde, nach langem Leiden starb, von vielen vergessen, fast in Einsamkeit, die für uns alle unersetzliche Kirche. – Die Trauerfeier findet morgen, am Pfingstsonntag, um 9 Uhr in unserer Kirche statt. Euer Pastor Wickunz." „Was ist denn das schon wieder, ist denn der Pastor völlig übergeschnappt?", so hört man fragen. Andere meinen: „Nun hat's unseren Pastor erwischt, nun spinnt er richtig." Aber weil man ja nie wissen kann, ob an der Geschichte nicht doch etwas dran ist, beschließen viele Gemeindeglieder, am nächsten Tag zur Trauerfeier zu gehen.

Der Pfingstmorgen kommt. Zahlreiche Menschen haben sich aufgemacht, um zur Kirche zu gehen. Sie ist dieses Mal so voll, dass viele Menschen draußen vor der Kirchentür stehen müssen. Es wird neun Uhr. Mit ernstem Gesicht kommt der Pastor. Er muss sich richtig durch die Menschenmenge hindurchkämpfen, bis er vor dem Altar am offenen Sarg steht. Nach dem Eingangslied hört man ihn mit ruhiger Stimme sagen: „Liebe Schwestern und Brüder, zunächst danke ich euch, dass ihr so zahl-

reich gekommen seid. Leider habe ich eine traurige Nachricht. Nachdem wir alle uns so wenig um sie gekümmert haben und vieles andere für wichtiger hielten, ist unsere Kirche sanft entschlafen. Wer sie noch einmal sehen möchte, der möge nach vorne kommen und einen Blick in den Sarg werfen. Wer hier vorbeigekommen ist und in den Sarg geschaut hat, der verlasse die Kirche bitte durch den Nebeneingang. Wer dann noch mehr hören möchte, den lade ich ein, anschließend wieder durch den Haupteingang in die Kirche zu kommen."

Eisiges Schweigen. Doch dann fasst eine ältere, aber resolute Dame sich ein Herz, tritt vor, blickt in den Sarg, erbleicht und verlässt durch den Nebeneingang mit sehr ernstem Gesicht die Kirche. Erst zögern noch einige, aber dann treten in langer Schlange alle Kirchenbesucher vor, blicken in den Sarg und erschrecken. Nach etwa 20 Minuten ist der Vorbeimarsch zu Ende. Doch keiner ist nach Hause gegangen. Alle sitzen wieder mit ernsten und nachdenklichen Gesichtern in der Kirche. Was ist da im Sarg gewesen? Was hatte sie so verändert?

Im Sarg war ein großer Spiegel! Und jeder, der in den Sarg geschaut hatte, hatte sein eigenes Gesicht erblickt. Und alle hatten auf diese Weise erfahren und begriffen: Die Kirche, die zu altmodisch und modern ist, die so vieles falsch macht, von der so oft gesagt wird, dass in ihr kein Leben mehr ist, diese Kirche – das sind ja wir, das bin ja ich selbst! Wie lebendig es in unserer Gemeinde zugeht, das hängt ganz entscheidend auch von uns selber ab!

Gemeinsam feierten sie jetzt den Gottesdienst. Zum Schluss wurde ein Gebet gesprochen, das alle Gemeindemitglieder ausgehändigt bekamen. Es hatte folgenden Wortlaut:
„Herr, erwecke deine Kirche – und fange bei mir an! Herr, baue deine Gemeinde – und fange bei mir an! Herr, lass Frieden und Gotteserkenntnis überall auf Erden kommen – und fange bei mir an! Herr bringe deine Liebe und Wahrheit zu allen Menschen – und fange bei mir an! – Amen."

7. Ganz persönlich

Und du …?

7. Ganz persönlich

Und du …?

Hallo du …!

Nur noch kurze Zeit, dann ist der Konfirmationsgottesdienst für dich und deine Gruppe. Ein dreiviertel Jahr oder mehr Konfirmandenzeit liegt dann hinter euch.

Ich würde zu gerne wissen, was sich bei dir getan hat in den letzten Monaten! Ob du dich wohl gefühlt hast mit den anderen Konfis, mit den Unterrichtenden und mit diesem Arbeitsbuch? Ob du neue Einsichten und Freunde gewonnen hast? Und natürlich: Ob du „ihn", Gott, (besser) kennen gelernt hast …?

Vielleicht bist du nach und nach die sieben G-Schritte zur Freundschaft mit Gott mitgegangen – hast angefangen, Gottesdienste und Kreise deiner Gemeinde für dich zu entdecken, in der Bibel zu lesen und zu beten, nachzudenken, was du eigentlich glauben kannst und was Sinn und Ziel deines Lebens sein soll.

Möglicherweise bist du bei den G-Schritten aber auch gar nicht so richtig hinterhergekommen – zu viele Dinge waren neu und unbekannt für dich, so dass du einfach noch Zeit brauchst, um alles mit deinem Kopf und in deinem Herzen zu verarbeiten.

Wo auch immer du gerade stehst in deiner ganz persönlichen Geschichte mit Gott: Nimm dir vor deiner Konfirmation dein G-mit!-Arbeitsbuch zur Hand und blättere es in aller Ruhe noch einmal durch! Frage dich dabei, was dir all das bedeutet, was du in deiner Konfi-Zeit gehört, ausprobiert und erlebt hast.

Wenn du dabei den Eindruck gewinnst, dass du noch nicht so recht weißt, ob du Christ werden möchtest oder nicht, dann bleib weiter dran an der Sache mit Gott! In deiner Gemeinde gibt es Menschen, die dir gerne weiterhelfen. Gib dich weder mit billigen Antworten noch mit teuren Geschenken zufrieden!

Wenn du dagegen merkst: „Hey, ich bin so weit – ich will Christ werden und Freundschaft mit Gott haben", dann freue ich mich riesig mit dir! Für dich steht auf der nächsten Seite ein Gebet. Du kannst es alleine oder – besser – zusammen mit einer Person deines Vertrauens beten.

Ob du sie wirklich gehst oder schon gegangen bist, die „Sieben Schritte zur Freundschaft mit Gott"? Ob du deine Konfirmation als Fest deiner lebenslangen Freundschaft mit ihm feierst?

Viel Mut und von Herzen alles Liebe wünscht dir dein

Andreas Wardle

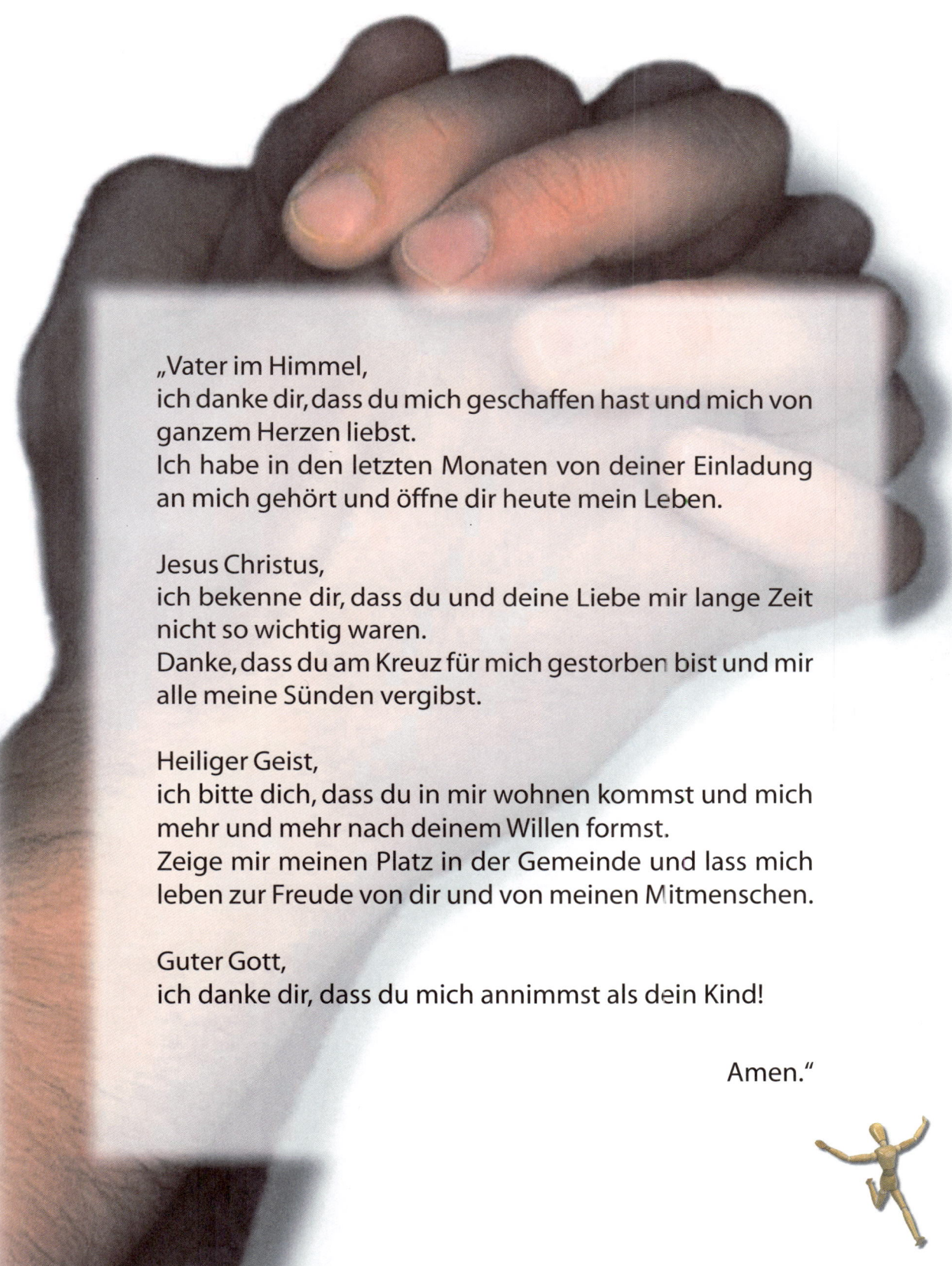

„Vater im Himmel,
ich danke dir, dass du mich geschaffen hast und mich von
ganzem Herzen liebst.
Ich habe in den letzten Monaten von deiner Einladung
an mich gehört und öffne dir heute mein Leben.

Jesus Christus,
ich bekenne dir, dass du und deine Liebe mir lange Zeit
nicht so wichtig waren.
Danke, dass du am Kreuz für mich gestorben bist und mir
alle meine Sünden vergibst.

Heiliger Geist,
ich bitte dich, dass du in mir wohnen kommst und mich
mehr und mehr nach deinem Willen formst.
Zeige mir meinen Platz in der Gemeinde und lass mich
leben zur Freude von dir und von meinen Mitmenschen.

Guter Gott,
ich danke dir, dass du mich annimmst als dein Kind!

Amen."

a) Klebe hier das Foto deiner Konfi-Gruppe am Konfirmationssonntag ein!
b) Lass alle deine Gäste um den Rahmen herum und auf der nächsten Seite unterschreiben!

Quellenangaben

TEXTE

S. 33: „Das Vaterunser", nach Clyde Lee Herring, aus: Zur 42. Bibelwoche 1979/80, Aussaat-Verlag, Neukirchen-Vluyn, 1979.

S. 45: „Der Kern des Evangeliums", aus: Klaus Douglass, Glaube hat Gründe – Wie ich eine lebendige Beziehung zu Gott finde. © Kreuz Verlag, Stuttgart, 1994, S. 175.

S. 53–56 aus: Mike Yaconelli: What Would Jesus Do? – Fragen, was Jesus will. © Oncken Verlag, Wuppertal und Kassel, 7. Auflage 2001.

S. 66: „Die Geschichte von der Kirche im Sarg", aus: Hermann Mahnke: Komm und sieh! Konfirmandenkurs. Praxisentwürfe und Materialien, S. 119-120. © 1977 Calwer Verlag Stuttgart.

Bibeltexte:

Lutherbibel, revidierter Text 1984, durchgesehene Ausgabe in neuer Rechtschreibung. © 1999 Deutsche Bibelgesellschaft, Stuttgart.

Gute Nachricht Bibel, revidierte Fassung, durchgesehene Ausgabe in neuer Rechtschreibung. © 2000 Deutsche Bibelgesellschaft, Stuttgart.

BILDER

S. 3, 4, 6, 7, 11, 15, 17, 27, 37, 47, 57, 67: Mit freundlicher Genehmigung von Werner Tiki Küstenmacher, aus: MultiMäh!dia-CD. 300 ClipArts für alle Lebenslagen. R. Brockhaus, Wuppertal, 1998.

S. 16, 22, 23: Werner Tiki Küstenmacher, aus: Das Geheimnis am Ölberg und andere Bilderrätsel aus Bibel und Kirche. © Claudius Verlag, München, 1989.

S. 21, 22, 23: Werner Tiki Küstenmacher, aus: Tatort Bibel. Ein kriminalistisches Bibel-Bilder-Rate-Buch. 4. Auflage. © Claudius Verlag, München, 1988.

S. 22, 23: Werner Tiki Küstenmacher, aus: Wo ist der verlorene Sohn? Ein lustiges Bibel-Bilder-Rate-Buch. 6. Auflage. © Claudius Verlag, München, 1987.

S. 22, 39: Werner Tiki Küstenmacher, aus: Das Rätselbild von Babylon. Noch ein lustiges Bibel-Bilder-Rate-Buch. © Claudius Verlag, München, 1992.

S. 19: Pat Alexander (Hrsg.), aus: Die Welt der Bibel. © R.Brockhaus Verlag, Wuppertal, 2. Auflage 1997.

S. 42 aus: Möckmühler Arbeitsbogen Nr. 1, Lasset uns mit Jesus gehen. © Aue Verlag, Möckmühl.

S. 48: Quelle konnte nicht ermittelt werden.

S. 60: Hans-Hermann Pompe/Hans-Achim Wellnitz/Rolf Zwick, aus: Wasser und Leben. Taufkurs für Eltern und Paten. © Aussaat-Verlag, Neukirchen-Vluyn, 1997, S. 6.

Mach' mit!

Die Kirchengemeinde hautnah miterleben und mitgestalten

Das Erlebnisheft
für Konfirmandinnen und Konfirmanden

B. Gestaltungsfelder

1. Verschiedenes

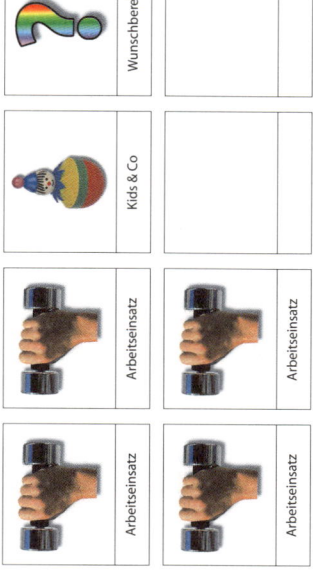

Arbeitseinsatz	Arbeitseinsatz
Arbeitseinsatz	Arbeitseinsatz
Kids & Co	Wunschbereich

2. Gottesdienst

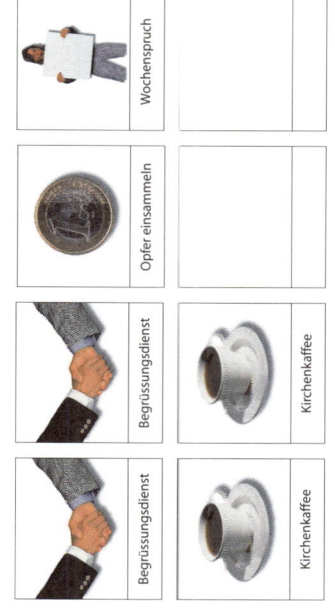

Begrüssungsdienst	Begrüssungsdienst
Kirchenkaffee	Kirchenkaffee
Opfer einsammeln	Wochenspruch

Dieses Erlebnisheft gehört:

Herzlich willkommen ...

... zur Erlebnis-Rundreise durch deine Kirchengemeinde! Hier gibt es viel für dich mitzuerleben und mitzugestalten. Klasse, dass du dich einbringen möchtest – die Gemeinde freut sich auf dich und deine Mitarbeit!

Auf den folgenden Seiten findest du allerhand Erlebnis- und Gestaltungsfelder. Jedes dieser Felder – genaueres wird im Konfi-Unterricht besprochen – muss am Ende deiner Konfirmandenzeit mit dem „Konfi-Stempel" abgestempelt sein. Den Stempel gibt's für dich immer an der jeweiligen Station.

Die Reihenfolge der Stationen deiner Erlebnis-Rundreise durch die Gemeinde darfst du dir frei aussuchen. Nur verpassen solltest du keinesfalls etwas ...!

Also: Gute Reise!
Und: Wir seh'n uns!

A. Erlebnisfelder

1. GRUPPEN UND KREISE

 Jugendkreis	Sport-Angebot	oder  Musik-Angebot
Jugendkreis	Sport-Angebot	oder Musik-Angebot

2. GOTTESDIENSTE

Hauptgottesdienst	Hauptgottesdienst	Hauptgottesdienst	Hauptgottesdienst
Hauptgottesdienst	Hauptgottesdienst	Hauptgottesdienst	Hauptgottesdienst
Hauptgottesdienst	Hauptgottesdienst	Hauptgottesdienst	Hauptgottesdienst
Taufgottesdienst	Familiengottesdienst	 Abendmahlsgottesdienst	 Abendmahlsgottesdienst
		 Special-Gottesdienst	 Special-Gottesdienst

Konfi-Card

Sieben Texte,
die man einfach k(o)ennen muss

Die kleine Lernhilfe
für Konfirmandinnen und Konfirmanden

1. Das „Apostolische" Glaubensbekenntnis

Ich glaube an Gott,
den Vater, den Allmächtigen,
den Schöpfer des Himmels und der Erde.

Und an Jesus Christus,
seinen eingeborenen Sohn, unsern Herrn,
empfangen durch den Heiligen Geist,
geboren von der Jungfrau Maria,
gelitten unter Pontius Pilatus,
gekreuzigt, gestorben und begraben,
hinabgestiegen in das Reich des Todes,
am dritten Tage auferstanden von den Toten,
aufgefahren in den Himmel;
er sitzt zur Rechten Gottes,
des allmächtigen Vaters;
von dort wird er kommen,
zu richten die Lebenden und die Toten.

Ich glaube an den Heiligen Geist,
die heilige christliche Kirche,
Gemeinschaft der Heiligen,
Vergebung der Sünden,
Auferstehung der Toten
und das ewige Leben.
Amen.

6. Das Doppelgebot der Liebe

Als er nach dem seiner Meinung nach wichtigsten Gebot gefragt wurde, antwortete Jesus:

›Liebe den Herrn, deinen Gott,
von ganzem Herzen,
mit ganzem Willen
und mit deinem ganzen Verstand.‹
[5. Mose 6,4+5]
Dies ist das größte und wichtigste Gebot.

Aber gleich wichtig ist ein zweites:
›Liebe deinen Mitmenschen wie dich selbst.‹
[3. Mose 19,18]

(Matthäusevangelium 22,37–39)

7. Der „Missionsbefehl"

Nach seiner Auferstehung sagte Jesus zu seinen Jüngern:

»Gott hat mir unbeschränkte Vollmacht im Himmel und auf der Erde gegeben.
Darum geht nun zu allen Völkern der Welt und macht die Menschen zu meinen Jüngern und Jüngerinnen! Tauft sie im Namen des Vaters und des Sohnes und des Heiligen Geistes, und lehrt sie, alles zu befolgen, was ich euch aufgetragen habe.
Und das sollt ihr wissen: Ich bin immer bei euch, jeden Tag, bis zum Ende der Welt.«

(Matthäusevangelium 28,18–20)

Konfi-Card
Sieben Texte,
die man einfach k(o)ennen muss

Die kleine Lernhilfe
für Konfirmandinnen und Konfirmanden
1. Das „Apostolische" Glaubensbekenntnis
Ich glaube an Gott, den Vater, den Allmächtigen, den Schöpfer des Himmels und der Erde. Und an Jesus Christus, seinen eingeborenen Sohn, unsern Herrn, empfangen durch den Heiligen Geist, geboren von der Jungfrau Maria, gelitten unter Pontius Pilatus, gekreuzigt, gestorben und begraben, hinabgestiegen in das Reich des Todes, am dritten Tage auferstanden von den Toten, aufgefahren in den Himmel; er sitzt zur Rechten Gottes, des allmächtigen Vaters; von dort wird er kommen, zu richten die Lebenden und die Toten. Ich glaube an den Heiligen Geist, die heilige christliche Kirche, Gemeinschaft der Heiligen, Vergebung der Sünden, Auferstehung der Toten und das ewige Leben. Amen.
6. Das Doppelgebot der Liebe
Als er nach dem seiner Meinung nach wichtigsten Gebot gefragt wurde, antwortete Jesus: ›Liebe den Herrn, deinen Gott, von ganzem Herzen, mit ganzem Willen und mit deinem ganzen Verstand.‹ [5. Mose 6,4+5] Dies ist das größte und wichtigste Gebot. Aber gleich wichtig ist ein zweites: ›Liebe deinen Mitmenschen wie dich selbst.‹ [3. Mose 19,18] (Matthäusevangelium 22,37–39)
7. Der „Missionsbefehl"
Nach seiner Auferstehung sagte Jesus zu seinen Jüngern: »Gott hat mir unbeschränkte Vollmacht im Himmel und auf der Erde gegeben. Darum geht nun zu allen Völkern der Welt und macht die Menschen zu meinen Jüngern und Jüngerinnen! Tauft sie im Namen des Vaters und des Sohnes und des Heiligen Geistes, und lehrt sie, alles zu befolgen, was ich euch aufgetragen habe. Und das sollt ihr wissen: Ich bin immer bei euch, jeden Tag, bis zum Ende der Welt.« (Matthäusevangelium 28,18–20)

Konfi-Card
Sieben Texte,
die man einfach k(o)ennen muss

Die kleine Lernhilfe
für Konfirmandinnen und Konfirmanden
1. Das „Apostolische" Glaubensbekenntnis
Ich glaube an Gott, den Vater, den Allmächtigen, den Schöpfer des Himmels und der Erde. Und an Jesus Christus, seinen eingeborenen Sohn, unsern Herrn, empfangen durch den Heiligen Geist, geboren von der Jungfrau Maria, gelitten unter Pontius Pilatus, gekreuzigt, gestorben und begraben, hinabgestiegen in das Reich des Todes, am dritten Tage auferstanden von den Toten, aufgefahren in den Himmel; er sitzt zur Rechten Gottes, des allmächtigen Vaters; von dort wird er kommen, zu richten die Lebenden und die Toten. Ich glaube an den Heiligen Geist, die heilige christliche Kirche, Gemeinschaft der Heiligen, Vergebung der Sünden, Auferstehung der Toten und das ewige Leben. Amen.
6. Das Doppelgebot der Liebe
Als er nach dem seiner Meinung nach wichtigsten Gebot gefragt wurde, antwortete Jesus: ›Liebe den Herrn, deinen Gott, von ganzem Herzen, mit ganzem Willen und mit deinem ganzen Verstand.‹ [5. Mose 6,4+5] Dies ist das größte und wichtigste Gebot. Aber gleich wichtig ist ein zweites: ›Liebe deinen Mitmenschen wie dich selbst.‹ [3. Mose 19,18] (Matthäusevangelium 22,37–39)
7. Der „Missionsbefehl"
Nach seiner Auferstehung sagte Jesus zu seinen Jüngern: »Gott hat mir unbeschränkte Vollmacht im Himmel und auf der Erde gegeben. Darum geht nun zu allen Völkern der Welt und macht die Menschen zu meinen Jüngern und Jüngerinnen! Tauft sie im Namen des Vaters und des Sohnes und des Heiligen Geistes, und lehrt sie, alles zu befolgen, was ich euch aufgetragen habe. Und das sollt ihr wissen: Ich bin immer bei euch, jeden Tag, bis zum Ende der Welt.« (Matthäusevangelium 28,18–20)

Konfi-Card
Sieben Texte,
die man einfach k(o)ennen muss
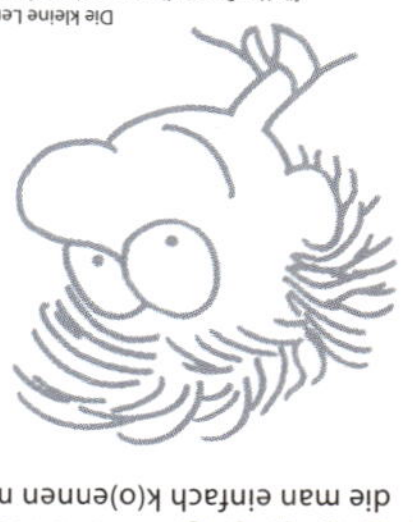
Die kleine Lernhilfe
für Konfirmandinnen und Konfirmanden
1. Das „Apostolische" Glaubensbekenntnis
Ich glaube an Gott, den Vater, den Allmächtigen, den Schöpfer des Himmels und der Erde. Und an Jesus Christus, seinen eingeborenen Sohn, unsern Herrn, empfangen durch den Heiligen Geist, geboren von der Jungfrau Maria, gelitten unter Pontius Pilatus, gekreuzigt, gestorben und begraben, hinabgestiegen in das Reich des Todes, am dritten Tage auferstanden von den Toten, aufgefahren in den Himmel; er sitzt zur Rechten Gottes, des allmächtigen Vaters; von dort wird er kommen, zu richten die Lebenden und die Toten. Ich glaube an den Heiligen Geist, die heilige christliche Kirche, Gemeinschaft der Heiligen, Vergebung der Sünden, Auferstehung der Toten und das ewige Leben. Amen.
6. Das Doppelgebot der Liebe
Als er nach dem seiner Meinung nach wichtigsten Gebot gefragt wurde, antwortete Jesus: ›Liebe den Herrn, deinen Gott, von ganzem Herzen, mit ganzem Willen und mit deinem ganzen Verstand.‹ [5. Mose 6,4+5] Dies ist das größte und wichtigste Gebot. Aber gleich wichtig ist ein zweites: ›Liebe deinen Mitmenschen wie dich selbst.‹ [3. Mose 19,18] (Matthäusevangelium 22,37–39)
7. Der „Missionsbefehl"
Nach seiner Auferstehung sagte Jesus zu seinen Jüngern: »Gott hat mir unbeschränkte Vollmacht im Himmel und auf der Erde gegeben. Darum geht nun zu allen Völkern der Welt und macht die Menschen zu meinen Jüngern und Jüngerinnen! Tauft sie im Namen des Vaters und des Sohnes und des Heiligen Geistes, und lehrt sie, alles zu befolgen, was ich euch aufgetragen habe. Und das sollt ihr wissen: Ich bin immer bei euch, jeden Tag, bis zum Ende der Welt.« (Matthäusevangelium 28,18–20)

2. Die Einsetzungsworte zum Abendmahl

Unser Herr Jesus Christus,
in der Nacht, da er verraten ward,
nahm er das Brot,
dankte und brach's
und gab's den Jüngern und sprach:
Nehmet hin und esset:
Das ist mein Leib,
der für euch gegeben wird.
Solches tut zu meinem Gedächtnis.

Desgleichen nahm er auch den Kelch
nach dem Mahl,
dankte, gab ihnen den und sprach:
Nehmet hin und trinket alle daraus.
Dieser Kelch ist der neue Bund in meinem Blut,
das für euch vergossen wird
zur Vergebung der Sünden.
Solches tut, sooft ihr's trinket,
zu meinem Gedächtnis.

(vgl. 1. Korintherbrief 11,23–25)

3. Das Vaterunser

Vater unser im Himmel!

Geheiligt werde dein Name.
Dein Reich komme.
Dein Wille geschehe, wie im Himmel, so auf Erden.
Unser tägliches Brot gib uns heute.
Und vergib uns unsere Schuld, wie auch wir verge-
ben unsern Schuldigern.
Und führe uns nicht in Versuchung,
sondern erlöse uns von dem Bösen.

Denn dein ist das Reich
und die Kraft
und die Herrlichkeit
in Ewigkeit.
Amen.

(Matthäusevangelium 6,9–13;
Lukasevangelium 11,2–4)

4. Der 23. Psalm

Der Herr ist mein Hirte,
mir wird nichts mangeln.
Er weidet mich auf einer grünen Aue
und führet mich zum frischen Wasser.
Er erquicket meine Seele.
Er führet mich auf rechter Straße um seines
Namens willen.
Und ob ich schon wanderte im finstern Tal,
fürchte ich kein Unglück;
denn du bist bei mir,
dein Stecken und Stab trösten mich.

Du bereitest vor mir einen Tisch
im Angesicht meiner Feinde.
Du salbest mein Haupt mit Öl
und schenkest mir voll ein.
Gutes und Barmherzigkeit werden mir folgen
mein Leben lang,
und ich werde bleiben im Hause des Herrn
immerdar.

(nach der Luther-Übersetzung)

5. Die Zehn Gebote

1. Du sollst keine anderen Götter neben mir haben!
2. Du sollst dir kein Gottesbild machen!
3. Du sollst den Namen des Herrn, deines Gottes,
   nicht missbrauchen!
4. Du sollst den Sabbattag heiligen!

5. Du sollst deinen Vater und deine Mutter ehren!
6. Du sollst nicht töten!
7. Du sollst nicht die Ehe brechen!
8. Du sollst nicht stehlen!
9. Du sollst nichts Unwahres über deinen Mitmenschen sagen!
10. Du sollst nicht begehren, was deinem Mitmen-
    schen gehört!

(2. Mose 20; 5. Mose 5. – „Reformierte" Zählung)

2. Die Einsetzungsworte zum Abendmahl

Unser Herr Jesus Christus,
in der Nacht, da er verraten ward,
nahm er das Brot,
dankte und brach's
und gab's den Jüngern und sprach:
Nehmet hin und esset:
Das ist mein Leib,
der für euch gegeben wird.
Solches tut zu meinem Gedächtnis.

Desgleichen nahm er auch den Kelch
nach dem Mahl,
dankte, gab ihnen den und sprach:
Nehmet hin und trinket alle daraus.
Dieser Kelch ist der neue Bund in meinem Blut,
das für euch vergossen wird
zur Vergebung der Sünden.
Solches tut, sooft ihr's trinket,
zu meinem Gedächtnis.

(vgl. 1. Korintherbrief 11,23–25)

3. Das Vaterunser

Vater unser im Himmel!

Geheiligt werde dein Name.
Dein Reich komme.
Dein Wille geschehe, wie im Himmel, so auf Erden.
Unser tägliches Brot gib uns heute.
Und vergib uns unsere Schuld, wie auch wir verge-
ben unsern Schuldigern.
Und führe uns nicht in Versuchung,
sondern erlöse uns von dem Bösen.

Denn dein ist das Reich
und die Kraft
und die Herrlichkeit
in Ewigkeit.
Amen.

(Matthäusevangelium 6,9–13;
Lukasevangelium 11,2–4)

4. Der 23. Psalm

Der Herr ist mein Hirte,
mir wird nichts mangeln.
Er weidet mich auf einer grünen Aue
und führet mich zum frischen Wasser.
Er erquicket meine Seele.
Er führet mich auf rechter Straße um seines
Namens willen.
Und ob ich schon wanderte im finstern Tal,
fürchte ich kein Unglück;
denn du bist bei mir,
dein Stecken und Stab trösten mich.

Du bereitest vor mir einen Tisch
im Angesicht meiner Feinde.
Du salbest mein Haupt mit Öl
und schenkest mir voll ein.
Gutes und Barmherzigkeit werden mir folgen
mein Leben lang,
und ich werde bleiben im Hause des Herrn
immerdar.

(nach der Luther-Übersetzung)

5. Die Zehn Gebote

1. Du sollst keine anderen Götter neben mir haben!
2. Du sollst dir kein Gottesbild machen!
3. Du sollst den Namen des Herrn, deines Gottes,
   nicht missbrauchen!
4. Du sollst den Sabbattag heiligen!

5. Du sollst deinen Vater und deine Mutter ehren!
6. Du sollst nicht töten!
7. Du sollst nicht die Ehe brechen!
8. Du sollst nicht stehlen!
9. Du sollst nichts Unwahres über deinen Mitmenschen sagen!
10. Du sollst nicht begehren, was deinem Mitmen-
    schen gehört!

(2. Mose 20; 5. Mose 5. – „Reformierte" Zählung)

2. Die Einsetzungsworte zum Abendmahl

Unser Herr Jesus Christus,
in der Nacht, da er verraten ward,
nahm er das Brot,
dankte und brach's
und gab's den Jüngern und sprach:
Nehmet hin und esset:
Das ist mein Leib,
der für euch gegeben wird.
Solches tut zu meinem Gedächtnis.

Desgleichen nahm er auch den Kelch
nach dem Mahl,
dankte, gab ihnen den und sprach:
Nehmet hin und trinket alle daraus.
Dieser Kelch ist der neue Bund in meinem Blut,
das für euch vergossen wird
zur Vergebung der Sünden.
Solches tut, sooft ihr's trinket,
zu meinem Gedächtnis.

(vgl. 1. Korintherbrief 11,23–25)

3. Das Vaterunser

Vater unser im Himmel!

Geheiligt werde dein Name.
Dein Reich komme.
Dein Wille geschehe, wie im Himmel, so auf Erden.
Unser tägliches Brot gib uns heute.
Und vergib uns unsere Schuld, wie auch wir verge-
ben unsern Schuldigern.
Und führe uns nicht in Versuchung,
sondern erlöse uns von dem Bösen.

Denn dein ist das Reich
und die Kraft
und die Herrlichkeit
in Ewigkeit.
Amen.

(Matthäusevangelium 6,9–13;
Lukasevangelium 11,2–4)

4. Der 23. Psalm

Der Herr ist mein Hirte,
mir wird nichts mangeln.
Er weidet mich auf einer grünen Aue
und führet mich zum frischen Wasser.
Er erquicket meine Seele.
Er führet mich auf rechter Straße um seines
Namens willen.
Und ob ich schon wanderte im finstern Tal,
fürchte ich kein Unglück;
denn du bist bei mir,
dein Stecken und Stab trösten mich.

Du bereitest vor mir einen Tisch
im Angesicht meiner Feinde.
Du salbest mein Haupt mit Öl
und schenkest mir voll ein.
Gutes und Barmherzigkeit werden mir folgen
mein Leben lang,
und ich werde bleiben im Hause des Herrn
immerdar.

(nach der Luther-Übersetzung)

5. Die Zehn Gebote

1. Du sollst keine anderen Götter neben mir haben!
2. Du sollst dir kein Gottesbild machen!
3. Du sollst den Namen des Herrn, deines Gottes,
   nicht missbrauchen!
4. Du sollst den Sabbattag heiligen!

5. Du sollst deinen Vater und deine Mutter ehren!
6. Du sollst nicht töten!
7. Du sollst nicht die Ehe brechen!
8. Du sollst nicht stehlen!
9. Du sollst nichts Unwahres über deinen Mitmenschen sagen!
10. Du sollst nicht begehren, was deinem Mitmen-
    schen gehört!

(2. Mose 20; 5. Mose 5. – „Reformierte" Zählung)

2. Die Einsetzungsworte zum Abendmahl

Unser Herr Jesus Christus,
in der Nacht, da er verraten ward,
nahm er das Brot,
dankte und brach's
und gab's den Jüngern und sprach:
Nehmet hin und esset:
Das ist mein Leib,
der für euch gegeben wird.
Solches tut zu meinem Gedächtnis.

Desgleichen nahm er auch den Kelch
nach dem Mahl,
dankte, gab ihnen den und sprach:
Nehmet hin und trinket alle daraus.
Dieser Kelch ist der neue Bund in meinem Blut,
das für euch vergossen wird
zur Vergebung der Sünden.
Solches tut, sooft ihr's trinket,
zu meinem Gedächtnis.

(vgl. 1. Korintherbrief 11,23–25)

3. Das Vaterunser

Vater unser im Himmel!

Geheiligt werde dein Name.
Dein Reich komme.
Dein Wille geschehe, wie im Himmel, so auf Erden.
Unser tägliches Brot gib uns heute.
Und vergib uns unsere Schuld, wie auch wir verge-
ben unsern Schuldigern.
Und führe uns nicht in Versuchung,
sondern erlöse uns von dem Bösen.

Denn dein ist das Reich
und die Kraft
und die Herrlichkeit
in Ewigkeit.
Amen.

(Matthäusevangelium 6,9–13;
Lukasevangelium 11,2–4)

4. Der 23. Psalm

Der Herr ist mein Hirte,
mir wird nichts mangeln.
Er weidet mich auf einer grünen Aue
und führet mich zum frischen Wasser.
Er erquicket meine Seele.
Er führet mich auf rechter Straße um seines
Namens willen.
Und ob ich schon wanderte im finstern Tal,
fürchte ich kein Unglück;
denn du bist bei mir,
dein Stecken und Stab trösten mich.

Du bereitest vor mir einen Tisch
im Angesicht meiner Feinde.
Du salbest mein Haupt mit Öl
und schenkest mir voll ein.
Gutes und Barmherzigkeit werden mir folgen
mein Leben lang,
und ich werde bleiben im Hause des Herrn
immerdar.

(nach der Luther-Übersetzung)

5. Die Zehn Gebote

1. Du sollst keine anderen Götter neben mir haben!
2. Du sollst dir kein Gottesbild machen!
3. Du sollst den Namen des Herrn, deines Gottes,
   nicht missbrauchen!
4. Du sollst den Sabbattag heiligen!

5. Du sollst deinen Vater und deine Mutter ehren!
6. Du sollst nicht töten!
7. Du sollst nicht die Ehe brechen!
8. Du sollst nicht stehlen!
9. Du sollst nichts Unwahres über deinen Mitmenschen sagen!
10. Du sollst nicht begehren, was deinem Mitmen-
    schen gehört!

(2. Mose 20; 5. Mose 5. – „Reformierte" Zählung)

Konfi-Card

Sieben Texte,
die man einfach k(o)ennen muss

1. Das Apostolische Glaubensbekenntnis

Ich glaube an Gott,
den Vater, den Allmächtigen,
den Schöpfer des Himmels und der Erde.

Und an Jesus Christus,
seinen eingeborenen Sohn, unsern Herrn,
empfangen durch den Heiligen Geist,
geboren von der Jungfrau Maria,
gelitten unter Pontius Pilatus,
gekreuzigt, gestorben und begraben,
hinabgestiegen in das Reich des Todes,
am dritten Tage auferstanden von den Toten,
aufgefahren in den Himmel;
er sitzt zur Rechten Gottes,
des allmächtigen Vaters;
von dort wird er kommen,
zu richten die Lebenden und die Toten.

Ich glaube an den Heiligen Geist,
die heilige christliche Kirche,
Gemeinschaft der Heiligen,
Vergebung der Sünden,
Auferstehung der Toten
und das ewige Leben.
Amen.

6. Das Doppelgebot der Liebe

Als er nach dem seiner Meinung nach
wichtigsten Gebot gefragt wurde,
antwortete Jesus:

›Liebe den Herrn, deinen Gott,
von ganzem Herzen,
mit ganzem Willen
und mit deinem ganzen Verstand.‹
[5. Mose 6,4+5]
Dies ist das größte und wichtigste Gebot.

Aber gleich wichtig ist ein zweites:
›Liebe deinen Mitmenschen wie dich selbst.‹
 [3. Mose 19,18]

(Matthäusevangelium 22,37–39)

7. Der Missionsbefehl

Nach seiner Auferstehung sagte Jesus zu seinen Jüngern:

»Gott hat mir unbeschränkte Vollmacht im Himmel
und auf der Erde gegeben.
Darum geht nun zu allen Völkern der Welt und macht
die Menschen zu meinen Jüngern und Jüngerinnen!
Tauft sie im Namen des Vaters und des Sohnes und
des Heiligen Geistes, und lehrt sie, alles zu befolgen,
was ich euch aufgetragen habe.
Und das sollt ihr wissen: Ich bin immer bei euch, jeden Tag, bis zum Ende der Welt.«

(Matthäusevangelium 28,18–20)

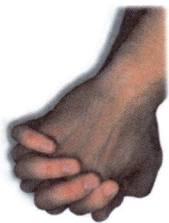

2. Die Einsetzungsworte zum Abendmahl

Unser Herr Jesus Christus,
in der Nacht, da er verraten ward,
nahm er das Brot,
dankte und brach's
und gab's den Jüngern und sprach:
Nehmet hin und esset:
Das ist mein Leib,
der für euch gegeben wird.
Solches tut zu meinem Gedächtnis.

Desgleichen nahm er auch den Kelch
nach dem Mahl,
dankte, gab ihnen den und sprach:
Nehmet hin und trinket alle daraus.
Dieser Kelch ist der neue Bund in meinem Blut,
das für euch vergossen wird
zur Vergebung der Sünden.
Solches tut, sooft ihr's trinket,
zu meinem Gedächtnis.

(vgl. 1. Korintherbrief 11,23–25)

3. Das Vaterunser

Vater unser im Himmel!
Geheiligt werde dein Name.
Dein Reich komme.
Dein Wille geschehe, wie im Himmel, so auf Erden.
Unser tägliches Brot gib uns heute.
Und vergib uns unsere Schuld, wie auch wir verge-
ben unsern Schuldigern.
Und führe uns nicht in Versuchung,
sondern erlöse uns von dem Bösen.

Denn dein ist das Reich
und die Kraft
und die Herrlichkeit
in Ewigkeit.
Amen.

(Matthäusevangelium 6,9–13;
Lukasevangelium 11,2–4)

---

4. Der 23. Psalm

Der Herr ist mein Hirte,
mir wird nichts mangeln.
Er weidet mich auf einer grünen Aue
und führet mich zum frischen Wasser.
Er erquicket meine Seele.
Er führet mich auf rechter Straße um seines
Namens willen.
Und ob ich schon wanderte im finstern Tal,
fürchte ich kein Unglück;
denn du bist bei mir,
dein Stecken und Stab trösten mich.

Du bereitest vor mir einen Tisch
im Angesicht meiner Feinde.
Du salbest mein Haupt mit Öl
und schenkest mir voll ein.
Gutes und Barmherzigkeit werden mir folgen
mein Leben lang,
und ich werde bleiben im Hause des Herrn
immerdar.

(nach der Luther-Übersetzung)

5. Die Zehn Gebote

1. Du sollst keine anderen Götter neben mir haben!
2. Du sollst dir kein Gottesbild machen!
3. Du sollst den Namen des Herrn, deines Gottes, nicht missbrauchen!
4. Du sollst den Sabbattag heiligen!

5. Du sollst deinen Vater und deine Mutter ehren!
6. Du sollst nicht töten!
7. Du sollst nicht die Ehe brechen!
8. Du sollst nicht stehlen!
9. Du sollst nichts Unwahres über deinen Mitmenschen sagen!
10. Du sollst nicht begehren, was deinem Mitmenschen gehört!

(2. Mose 20; 5. Mose 5. – „Reformierte" Zählung)

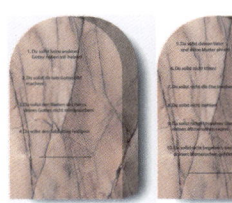

G mit!

Sieben Schritte
zur Freundschaft mit Gott

Ausschneidebögen
für Konfirmandinnen und Konfirmanden

Eine kurze Gebrauchsanweisung

Auf den folgenden fünf Seiten findest du die Ausschneidebögen für dein G mit!-Arbeitsbuch. Sie stehen in der Reihenfolge, wie sie im Arbeitsbuch gebraucht werden. Hier noch ein paar Tipps zum Gebrauch der Ausschneidebögen:

a) Schneide erst aus, wenn das im Konfi-Unterricht gesagt wurde! – b) Schneide nur den jeweils benötigten Elementblock (an den gepunkteten Linien) aus! – c) Schneide möglichst genau! – d) Benutze nicht zu viel Kleber! – e) Klebe auch die Ecken der Elemente gut fest!

Eröffnung + Anrufung Wir sammeln uns, um mit Gott in Beziehung zu treten *Im Gottesdienst*	**Sendung + Segen** Wir lassen uns segnen und senden *uns*
Hören, wo's langgeht Gott spricht durch die Bibel hinein in unser Leben *dienen*	**Ankommen +„Müll abladen"** Gott nimmt uns an, wie wir sind, und er nimmt uns ab, was uns belastet *Im Gottesdienst*
Neu durchstarten! Mit Gott an unserer Seite geht's ab in die neue Woche *Gott*	**Liebe geht durch den Magen** Gott verbindet seine Leute mit sich und untereinander *wir*
Abendmahl Wir erfahren Gemeinschaft mit Christus und untereinander *Gott*	**Verkündigung + Bekenntnis** Wir öffnen uns und finden Orientierung für unser Leben *dient*

Für Seite 12

 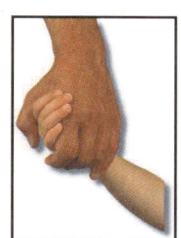   

Für Seite 32

Gott, wende uns deine Liebe zu und segne uns, blicke uns freundlich an! Dann sehen die Menschen der ganzen Erde, wie du uns führst, und alle Nationen erkennen, wie du hilfst und befreist.
Gott, die Völker sollen dir danken, alle Völker sollen dich preisen! … Er segne uns und alle Welt soll ihn ehren!
(Psalm 67,2–4.8)

„Gott! Du bist mein Gott, dich suche ich! Ich sehne mich nach dir mit Leib und Seele …
Deine Liebe bedeutet mir mehr als das Leben, darum will ich dich preisen. Mein Leben lang will ich dir danken und dir meine Hände im Gebet entgegenstrecken. Du machst mich … glücklich … mit jubelnden Lippen preise ich dich."
(Psalm 63,1–6)

Gott, du bist reich an Liebe und Güte; darum erbarme dich über mich, vergib mir meine Verfehlungen! Nimm meine ganze Schuld von mir, wasche mich rein von meiner Sünde! …
Gott, schaffe mich neu: Gib mir ein Herz, das dir völlig gehört, und einen Geist, der beständig zu dir hält. Vertreibe mich nicht aus deiner Nähe …!
(Psalm 51,3+4.12+13)

Ich wende mich an dich, mein Gott, ich weiß, dass du mir Antwort gibst. Hab ein offenes Ohr für mich, hör meine Worte!
Erweise mir deine wunderbare Güte! Du bist der Retter aller, die bei dir Zuflucht suchen …
Bewahre mich … und gib mir Zuflucht unter deinen Flügeln!
(Psalm 17,6–8)

Für Seite 34

H Jesus geht in den Tempel. Wütend stößt er die Stände der Händler um. Er sagt: „Dieses Haus soll ein Ort des Gebets sein, keine Räuberhöhle!" (Mk 11,15–19).

J Die Jünger wollen Kinder von Jesus fernhalten. Da sagt er: „Auch die Kinder dürfen zu mir kommen, denn ihnen gehört das Reich Gottes." Und er segnet sie (Mk 10,13–16).

M Jesus ist unterwegs. An einem Brunnen sagt er zu einer Frau: „Wer von dem Wasser trinkt, das ich ihm geben werde, wird nie mehr Durst haben." (Joh 4,1–42).

I Jesus lässt sich von Johannes dem Täufer im Jordan taufen. Er hört Gott sagen: „Du bist mein Sohn, dir gilt meine Liebe, dich habe ich erwählt." (Mk 1,9–11)

3, Jesus feiert mit seinen Jüngern Passah. Beim Abendessen sagt er beim Teilen des Brotes: „Das ist mein Leib." Und beim Teilen des Weins: „Das ist mein Blut." (Mt 26,26–30).

1 Jesus wird gekreuzigt. Mit ihm werden auch zwei Verbrecher ans Kreuz gehängt. Von den Anhängern Jesus sind nur noch Frauen da; die Jünger sind alle geflohen (Mk 15,22–41).

L Jesus wird in einem Stall geboren. Eine andere Unterkunft haben Maria und Josef nicht gefunden. Arme Hirten sind die ersten, die von Jesu Geburt erfahren (Mt 1f; Lk 1f).

E Als Jesus am See Genezareth entlanggeht, sieht er zwei Fischer. Er sagt: „Kommt, folgt mir nach!" Sofort lassen sie ihre Netze liegen und folgen Jesus (Mk 1,16–18).

g Am Ostermorgen gehen Frauen zum Grab. Doch es ist leer! Als die Frauen zurückeilen, begegnet ihnen unterwegs der auferstandene Jesus! (Mt 28,1–10).

O Als Jesus auf einem Esel in Jerusalem einzieht, jubeln die Menschen, schwenken Palmzweige und rufen: „Gelobt sei Gott. Gelobt sei, der in seinem Auftrag kommt." (Mk 11,1–11).

T Einmal kommen 5000 Menschen zu Jesus. Als sie hungrig sind, haben die Jünger nur fünf Brote und zwei Fische. Jesus dankt Gott dafür – und alle werden satt (Mk 6,30–44)!

N Die Jünger sind auf dem See Genezareth. Als ein Sturm aufkommt, bekommen sie Angst. Sie wecken Jesus, der hinten im Schiff schläft. Er stillt den Sturm (Mt 8,23–27).

I Als Jesus in einem Haus in Kapernaum predigt, lassen Freunde einen Gelähmten durch das abgedeckte Dach zu Jesus hinunter. Jesus heilt den Gelähmten (Mk 2,1–12).

S Jesus verkündet, dass Gottes Reich nahe herbeigekommen ist. In der Bergpredigt lehrt Jesus seine Jünger und das Volk den Willen Gottes (Mt 5–7).

Für Seite 42

Die Gebote der ersten Tafel betreffen das Verhalten des Menschen gegenüber Gott

Missbrauche den Namen Gottes nicht für deine Interessen, z.B. beim Krieg „in Gottes Namen".

Die Gebote der zweiten Tafel betreffen das Verhalten des Menschen gegenüber seinen Mitmenschen

Schütze das Leben und zerstöre es nicht.

Nimm anderen nicht weg, was ihnen gehört. Achte die Freiheit und Würde der anderen Menschen

Gönne dir einen Tag Ruhe in der Woche, damit du Zeit hast für Gott, für deine Mitmenschen und für dich selbst.

Mach andere nicht schlecht. Tritt für die Wahrheit ein.

Ich bin der Gott, der zu dir hält. Neben mir brauchst du keine anderen Götter (z.B. Reichtum, deinen Körper …).

Mach dir kein Bild von Gott. Denn Gott ist größer als alle Gedanken über ihn.

Versuche nicht, an dich zu bringen, was anderen gehört. Gönne ihnen, was sie haben.

Zerstöre nicht das Vertrauen deines Partners. Setze nicht das Leben der Familie aufs Spiel.

Achte deinen Vater und deine Mutter. Kümmere dich um sie, wenn sie alt werden.

Jesus Christus fasst zusammen:

„Liebe den Herrn, deinen Gott, von ganzem Herzen, mit ganzem Willen und mit deinem ganzen Verstand!"

Jesus Christus fasst zusammen:

„Liebe deinen Mitmenschen wie dich selbst!"

Gott, wende uns deine Liebe zu und segne uns, blicke uns freundlich an! Dann sehen die Menschen der ganzen Erde, wie du uns führst, und alle Nationen erkennen, wie du hilfst und befreist.
Gott, die Völker sollen dir danken, alle Völker sollen dich preisen! … Er segne uns und alle Welt soll ihn ehren!
(Psalm 67,2–4.8)

„Gott! Du bist mein Gott, dich suche ich! Ich sehne mich nach dir mit Leib und Seele …
Deine Liebe bedeutet mir mehr als das Leben, darum will ich dich preisen. Mein Leben lang will ich dir danken und dir meine Hände im Gebet entgegenstrecken. Du machst mich … glücklich … mit jubelnden Lippen preise ich dich."
(Psalm 63,1–6)

Gott, du bist reich an Liebe und Güte; darum erbarme dich über mich, vergib mir meine Verfehlungen! Nimm meine ganze Schuld von mir, wasche mich rein von meiner Sünde! …
Gott, schaffe mich neu: Gib mir ein Herz, das dir völlig gehört, und einen Geist, der beständig zu dir hält. Vertreibe mich nicht aus deiner Nähe …!
(Psalm 51,3+4.12+13)

Ich wende mich an dich, mein Gott, ich weiß, dass du mir Antwort gibst. Hab ein offenes Ohr für mich, hör meine Worte!
Erweise mir deine wunderbare Güte! Du bist der Retter aller, die bei dir Zuflucht suchen …
Bewahre mich … und gib mir Zuflucht unter deinen Flügeln!
(Psalm 17,6–8)

Für Seite 34

H — Jesus geht in den Tempel. Wütend stößt er die Stände der Händler um. Er sagt: „Dieses Haus soll ein Ort des Gebets sein, keine Räuberhöhle!" (Mk 11,15–19).

J — Die Jünger wollen Kinder von Jesus fernhalten. Da sagt er: „Auch die Kinder dürfen zu mir kommen, denn ihnen gehört das Reich Gottes." Und er segnet sie (Mk 10,13–16).

M — Jesus ist unterwegs. An einem Brunnen sagt er zu einer Frau: „Wer von dem Wasser trinkt, das ich ihm geben werde, wird nie mehr Durst haben." (Joh 4,1–42).

I — Jesus lässt sich von Johannes dem Täufer im Jordan taufen. Er hört Gott sagen: „Du bist mein Sohn, dir gilt meine Liebe, dich habe ich erwählt." (Mk 1,9–11)

3 — Jesus feiert mit seinen Jüngern Passah. Beim Abendessen sagt er beim Teilen des Brotes: „Das ist mein Leib." Und beim Teilen des Weins: „Das ist mein Blut." (Mt 26,26–30).

I — Jesus wird gekreuzigt. Mit ihm werden auch zwei Verbrecher ans Kreuz gehängt. Von den Anhängern Jesu sind nur noch Frauen da; die Jünger sind alle geflohen (Mk 15,22–41).

L — Jesus wird in einem Stall geboren. Eine andere Unterkunft haben Maria und Josef nicht gefunden. Arme Hirten sind die ersten, die von Jesu Geburt erfahren (Mt 1f; Lk 1f).

E — Als Jesus am See Genezareth entlanggeht, sieht er zwei Fischer. Er sagt: „Kommt, folgt mir nach!" Sofort lassen sie ihre Netze liegen und folgen Jesus (Mk 1,16–18).

6 — Am Ostermorgen gehen Frauen zum Grab. Doch es ist leer! Als die Frauen zurückeilen, begegnet ihnen unterwegs der auferstandene Jesus! (Mt 28,1–10)

O — Als Jesus auf einem Esel in Jerusalem einzieht, jubeln die Menschen, schwenken Palmzweige und rufen: „Gelobt sei Gott. Gelobt sei, der in seinem Auftrag kommt." (Mk 11,1–11)

T — Einmal kommen 5000 Menschen zu Jesus. Als sie hungrig sind, haben die Jünger nur fünf Brote und zwei Fische. Jesus dankt Gott dafür – und alle werden satt (Mk 6,30–44)!

N — Die Jünger sind auf dem See Genezareth. Als ein Sturm aufkommt, bekommen sie Angst. Sie wecken Jesus, der hinten im Schiff schläft. Er stillt den Sturm (Mt 8,23–27).

I — Als Jesus in einem Haus in Kapernaum predigt, lassen Freunde einen Gelähmten durch das abgedeckte Dach zu Jesus hinunter. Jesus heilt den Gelähmten (Mk 2,1–12).

S — Jesus verkündet, dass Gottes Reich nahe herbeigekommen ist. In der Bergpredigt lehrt Jesus seine Jünger und das Volk den Willen Gottes (Mt 5–7).

Für Seite 42

Teil B

Teil A

Jesus starb für uns

Spenden

Anständig sein

Nett sein

Gutes tun

Für Seite 43

GEBETS-HELFER

Der Heilige Geist unterstützt die Gebete der Christen.
Er bringt ihre Gebetsanliegen in der rechten Art und Weise vor Gott.

TEAM-GEIST

Der Heilige Geist erfüllt alle Menschen, die an Jesus glauben.
Er verbindet sie untereinander und mit Jesus Christus.

GEBER VON GABEN

Der Heilige Geist gibt den Christen je unterschiedliche Gaben.
Die Gaben des Einzelnen sollen allen in der Gemeinde dienen.

LEBENS-DÜNGER

Der Heilige Geist lässt im Leben von Christen gute Früchte wachsen.
Er wirkt in ihnen Liebe, Freude, Friede, Geduld, Freundlichkeit, Treue …

VERWANDLUNGS-KÜNSTLER

Der Heilige Geist hilft den Christen, Jesus ähnlicher zu werden.
Er befähigt sie zu einem Leben nach dem Vorbild von Jesus.

MIT-BEWOHNER

Der Heilige Geist zieht bei jedem ein, der sich für Jesus entscheidet.
Aus dem Herzen eines solchen Menschen zieht er nie mehr aus.

KRAFT-SPENDER

Der Heilige Geist gibt den Christen Kraft, Liebe und Besonnenheit.
So können sie Jesus vor anderen bekennen und ihm nachfolgen.

VORSCHUSS AUF DEN HIMMEL

Der Heilige Geist ist Gottes „Anzahlung" auf das ewige Leben.
Er versichert den Christen, dass sie in Gottes Reich leben dürfen.

Für Seite 44

Die Gebote der ersten Tafel betreffen das Verhalten des Menschen gegenüber Gott

Missbrauche den Namen Gottes nicht für deine Interessen, z.B. beim Krieg „in Gottes Namen".

Die Gebote der zweiten Tafel betreffen das Verhalten des Menschen gegenüber seinen Mitmenschen

Schütze das Leben und zerstöre es nicht.

Gönne dir einen Tag Ruhe in der Woche, damit du die Zeit hast für Gott, für deine Mitmenschen und für dich selbst.

Mach andere nicht schlecht. Tritt für die Wahrheit ein.

Ich bin der Gott, der zu dir hält. Neben mir brauchst du keine anderen Götter (z.B. Reichtum, deinen Körper …).

Nimm anderen nicht weg, was ihnen gehört. Achte die Freiheit und Würde der anderen Menschen

Mach dir kein Bild von Gott. Denn Gott ist größer als alle Gedanken über ihn.

Versuche nicht, an dich zu bringen, was anderen gehört. Gönne ihnen, was sie haben.

Zerstöre nicht das Vertrauen deines Partners. Setze nicht das Leben der Familie aufs Spiel.

Achte deinen Vater und deine Mutter. Kümmere dich um sie, wenn sie alt werden.

Jesus Christus fasst zusammen:

„Liebe den Herrn, deinen Gott, von ganzem Herzen, mit ganzem Willen und mit deinem ganzen Verstand!"

Jesus Christus fasst zusammen:

„Liebe deinen Mitmenschen wie dich selbst!"

Für Seite 60

Wasser
erfrischt

IST

Wasser
reinigt

TAU

Wasser
gibt Leben

FE

Wasser
vernichtet

DIE

Taufe bedeutet
erfrischtes,
„spritziges"
Leben mit
Jesus

BA

Taufe bedeutet
ewiges Leben
mit Jesus

CHT

Taufe bedeutet
Reinigung
von Schuld

SI

Taufe bedeutet
Vernichtung
des „alten"
Menschen, der
ohne Gott lebt

EIN

„Dann sagte er [= Jesus] zu ihnen: ,.. Wer zum Glauben kommt und sich taufen lässt, wird gerettet. Wer nicht glaubt, den wird Gott verurteilen.'"

(Markusevang. 16,15+16)

RT

„Dieses Wort [des Petrus] traf die Zuhörer mitten ins Herz, und sie fragten Petrus und die anderen Apostel: ,Brüder, was sollen wir tun?' Petrus antwortete: ,Kehrt jetzt um und lasst euch taufen auf Jesus Christus ... Dann wird Gott euch eure Schuld vergeben und euch seinen Heiligen Geist schenken ...'"

(Apostelgeschichte 2,37+38)

WO

„Ihr müsst euch doch darüber im klaren sein, was bei der Taufe mit euch geschehen ist. Wir alle, die in Jesus Christus hineingetauft wurden, sind damit in seinen Tod hineingetauft, ja hineingetaucht worden. Durch diese Taufe wurden wir auch zusammen mit ihm begraben ..."

(Römerbrief 6,3+4)

RES

[Jesus sagt:] „... Ich ... bin gekommen, um ihnen [= den Nachfolgern von Jesus] das Leben zu geben, Leben im Überfluss."

(Johannesevang. 10,10)

!

Für Seite 64